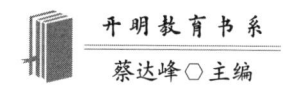

开明教育书系
蔡达峰 ○ 主编

教育的本真
邱光教育文选

邱光 ○ 著
范庭卫 黄素心 ○ 选编

开明出版社

"开明教育书系"丛书编委会

主　　任　　蔡达峰

副 主 任　　朱永新

委　　员　　张雨东　　王　刚　　陶凯元
　　　　　　庞丽娟　　黄　震　　高友东
　　　　　　李玛琳　　刘宽忍　　何志敏

丛书主编　　蔡达峰

"开明教育书系"
总　序

中国民主促进会（以下简称民进）是以从事教育、文化、出版工作的高、中级知识分子为主的参政党。民进创立以后，在中国共产党的指引和帮助下，积极投身爱国民主运动，在这个过程中，发挥自身优势，举办难民补习培训，创办中学招收群众，参加妇女教育活动，在解放区开展扫盲教育，培养青年教师。

新中国成立以后，民进以推进国家教育事业发展为己任，贯彻党的教育方针，倡导呼吁尊师重教。

一方面，坚持不懈地为教育发展建言献策。从马叙伦先生在任教育部长时向毛泽东主席反映学生健康问题，得到了毛主席关于"健康第一"的重要批示，到建议设立教师节、建立健全《教师法》《职业技术教育法》《民办教育促进法》等法律法规、深化教育改革、促进学前教育发展、义务教育均等化、加强教师队伍建设、中小学教材建设、减轻学生课业负担等等，提出了一系列高质量的意见建议。

另一方面，坚持不懈地开展教育服务。改革开放以来，围绕"四化"建设的需要，持续举办了大量讲座和培训，帮助群众学习，为民工子女、下岗职工、贫困家庭子女、军地两用人才、贫困地区教师等提供教育服务,创办了文化补习学校、业余职业大学、专科学校、业余中学等大批学校,出现了当时全国第一所民办高中、规模最大的民办高校、成人教育学院、民办幼儿教育集团等;不断开展"尊师重教"的慰问、宣传和捐赠等活动,拍摄了电视片《托着太阳升起的人》;举办了一系列教育服务的研讨会和交流会。

在为教育事业长期服务的过程中,民进集聚了越来越多的教育界会员,现有的近19万会员中,约60%来自教育界,其中大部分是中小学教师。广大会员怀着崇高的使命感和责任感,爱岗敬业、默默奉献、积极作为,在教育事业和党派工作中取得了卓越的成就,涌现出无数感人的事迹,赢得了无数的赞誉,涌现出大量优秀教师、校长和著名教育家、专家学者、教育管理者等,他们共同写就了民进的光荣历史,铸就了民进的宝贵财富,是民进的自豪和骄傲。

系统地收集和整理民进会员的教育论著和教育贡献,是民进会史研究和教育的重要任务,对于民进发扬优良传统、加强自身建设、激励履职尽责具有积极的意义,对于我们深入学习多党合作历史、深入开展我国现当代教育历史研究,也具有重要的理论和现实意义。民进中央对此高度重视,组织编辑"开明教育书系",朱永新副主席和民进中央研究室的同志们辛勤工作,邀请会内外专家学者共同参与,历时数年完成了编写工作。谨此,向各位作者和编辑同志,向开明出版社,向所有关心和支持本书编撰工作的同志,表示诚挚的感谢。

全国人大常委会副委员长　蔡达峰
民进中央主席
2022年12月

前言

邱光：以马列理论观点研究中国教育

范庭卫　黄素心

教育家小传

邱光（1926—2023），曾用名韩殿才。苏州大学教育学院教授。

1926年12月18日，邱光出生于江苏武进县西夏墅镇，今常州市新北区。

1944年入国立中正大学教育系学习。1948年6月毕业后，奔赴苏北解放区参加革命。曾任华中教育处科员，淮海战役华中支前司令部宣传科科员，无锡市军管会文教部研究组副组长，苏南教育处江苏教育厅科员。1953年，调入江苏师范学院（苏州大学前身）教务处工作。1954年，前往上海华东师范大学进修1年。1955年8月，回到江苏师院，在教育科学教研室工作，后长期从事教育学的教学和科研工作，历任副教授、主任、教授。参加编写《中国大百科全书》(教育卷，1985)、《教育学》(储培君、夏瑞庆等编写，1986)、《中国社会主义教育学》(常春元、黄济、陈信泰主编，1987)、《论陶行知师范教育思想》

(《陶行知系列研究》江苏课题组编，1991）。担任《教育辞典》（张焕庭主编，1989）编委。发表《生产力、生产关系与教育事业的发展》（《教育研究》，1979）、《何谓"马列本来意义上的教劳结合"？》（《教育研究》，1981）、《在动态中把握社会主义初级阶段教育的特征》（《华东师范大学学报》，1988）等多篇论文。

曾任全国教育学研究会第一、二届理事，江苏省教育学研究会第一、二、三届副理事长，苏州市教育学会副会长。中国民主促进会第七、八届中央委员，江苏省政协第五、六届委员。2006年5月，被批准加入中国共产党。2023年1月3日，邱光在苏州逝世，享年97岁。

辗转求学，奔向光明

1926年12月18日，邱光出生于江苏武进县西夏墅镇，今常州市新北区。

1932年，邱光入读小学。1937年9月，小学毕业后，进入武进县立初级中学学习。10月间，日军轰炸常州，县中停办。武进沦陷后，于11月开始跟随父亲在家学习《古文观止》《孟子》《左传》等古文。1939年至1940年，在武进私立丽江初级中学读书。次年，又转入武进私立正行初级中学。1941年初三毕业，9月辗转至安徽广德，就读于江苏省立第五临时中学。1943年1月至7月，在江西赣州国立第十九中学学习。

1944年秋，邱光入赣州国立中正大学分校，就读于教育系。抗战胜利后，休学回到武进。曾在武进戚墅堰小学任教。1946年2月，复学回中正大学分校继续学习。

1946年5月，入江西南昌国立中正大学。他参加了海燕读书会，还加入了教育研究会,并担任研究会理事。1946年12月至1947年1月,在中正大学参加反美运动,担任抗暴委员会宣传委员,起草抗暴宣言,写宣传标语。1947年3月至7月,在中正大学参加护校、反对反苏、反内战、反饥饿等学生运动,担任系级代表。

在中正大学,邱光与农艺系的王仲仙既是同学,又是同乡。王仲仙的哥哥王鹏是在江苏省江南地区坚持斗争的中共澄(江阴)武(武进)锡(无锡)工委书记。1947年,邱光知道王仲仙的哥哥是江苏的地下党,于是同王仲仙约定:暑假回江苏后,先去他哥哥王鹏那儿,再到苏北解放区去。暑假刚开始,邱光等进步同学在等候去南京的便船时,听闻蒋介石发布了"戡乱总动员令",于是决定立即离校。不料,当晚便被特务追踪搜索,7月底在由南昌去南京的轮船上被捕,后被关押在南昌潮王洲的集中营。经营救,邱光等进步同学于1947年10月、11月分批交保释放。

1948年春,中正大学进步同学的秘密活动也有了新的发展。党的重要文件,开始在同学中流传。有一本封面是《防痨要诀》的书,并无一字防痨的内容,实际是毛泽东《目前形势和我们的任务》的报告。进步同学还阅读到了中共中央的《中国土地法大纲》。此外,同学们还收听解放区电台的广播。"请注意,这是人民的电台,这是人民的声音",每次听到这庄严而又亲切的声音,同学们便抑制不住心头的激动。通过电台,同学们知道了一个又一个鼓舞人心的消息:洛阳解放了!苏北农村在土改了!东北解放区开始建设了!感到自己的心同解放区又贴近了一步。解放区某一段铁路恢复通车,某一个工厂恢复生产,某一所学校恢复上课,都在吸引着同学们。通过阅读和收听,这些进步青年认清了时局,了解了党的政策,产生了投身到革命洪流中去的强烈愿望。

邱光请王仲仙联系他的哥哥王鹏同志,准备再赴解放区。不久,收到来信。信上写道,他开的那家商店要扩大营业,要王仲仙多介绍一些人去做生意。不难理解，革命形势发展了，党在召唤更多的知识青年到解放区去。

这次，邱光等吸取了去年的教训，把同行的九位同学，分成两批，混在离校回家的大批江浙同学中，迅速离开南昌。这九位同学是：经济系的张放，土木工程系的张家驹，农艺系的顾端，数学系的胡克，政治系的高阳、高羽、田丹、南冲，教育系邱光。

九位同学先沿浙赣铁路到达杭州。为了避免国民党军警宪兵特务的盘查，事先联系好了生物系的王炎同学，一到杭州后，就住在王炎亲戚家。九个人挤在源茂里三号一间楼板上过了两夜。之后，邱光和顾端两人，从杭州乘火车直达常州，找王仲仙商定去解放区的具体办法。其余七人到上海等候消息。因为上海是大城市，又有亲友处可住，不至于引起反动派的特别注意。

邱光和顾端两人到常州后，由王仲仙安排，在名义上是国民党城防司令部副司令的潘石江同志家里住了一夜。第二天，找到王仲仙，商妥去解放区的办法。于是通知在上海的七位同学，按约定日期到常州。常州会合后，步行到江阴城西地区利港，后在地下交通员带领下进江阴城，准备坐船过江。

不巧，夏日炎炎，江面上一丝风都没有，小船无法借助风力前行，只得在江阴滞留一夜。但是，这时所带路费仅够在江阴吃一顿午饭。因邱光熟悉当地口音，便由他回利港去再取一点费用。留在江阴的同学，为安全起见就在小船上挤了一夜。

第二天下午终于起了一点风，小船立即起锚。船紧贴长江南岸西上，营造出不是去江北的假象。直到接近夏港，离江阴口相当远，小船才转向西北，在靖江四圩子靠岸。终于进入了日夜向往的解放区，同学们笑着跳着，高兴地喊着：我们自由了，我们解放了！

在四圩子，邱光等九名同学受到区长王政同志的热情接待。他们随后前往江南办事处，第一次填写了入伍登记表。登记时，他们都改了姓名，以免国民党特务找家里人的麻烦。之后，行军赶路，在交通员协助下，经过二十多天，于八月初抵达目的地——华中工委驻地射阳县合德镇附近的千秋港。组织作出如下决定：经济系张放被分配到华中银行，土木工程系张家驹和农艺系顾端被分配到华中建设处，数学系胡克在国民党青年军里当过兵被分配到苏北兵团十一纵队炮兵部队，政治系的高阳、高羽、田丹、南冲被分配到新华日报，教育系邱光被分配到华中工委教育处。

支前宣传，接管准备

淮海战役是解放战争战略决战三大战役中，规模最大、歼敌数量最多、解放军牺牲最多、影响最深远的一场战役。这场战役自 1948 年 11 月开始到 1949 年 1 月结束，60 万人民解放军击败了具有装备优势的 80 万国民党军，这与人民群众的支持和帮助密不可分。据统计，参与淮海战役后勤保障的民工总数达 543 万人，相当于每个战斗员身后有 9 个民工在保障。正如陈毅所说：淮海战役的胜利，是人民群众用小车推出来的！

淮海战役打响后，邱光就主动要求上前方。组织安排他在华中支前司令部（简称华支）工作。华支主管华中二、三分区（在皖北），五、六分区（在苏北），共四个分区的支前任务，主要是调运粮食、伤员，调配民工、担架。华支下设参谋处和政治部，政治部下设组织科和宣传科。邱光担任宣传科科员。

在战场运输线上，老百姓支前热情高涨。吱吱嘎嘎的小推车，一个追着一个向囤粮点、兵站和战场飞驰。这一幕幕情景，邱光到了晚年依然记得清晰，而且还能哼唱老百姓编写的小曲："吱嘎吱嘎，你看那小车儿，吱嘎吱嘎，吱嘎吱嘎响。叮当叮当，你听那毛驴儿，叮当叮当。"

邱光还回忆道，当时国民党飞机天天来，扔炸弹。支前民工不懂，慌乱奔跑。这时，飞机机关枪扫射会更加厉害。对此，邱光他们在《支前报》上宣传掩护方法：飞机来时，不能够乱跑，伏在地上，或者靠在墙壁上比较安全。

前线战火纷飞，随时都有生命危险。面对危险，邱光毫不犹豫坚决完成任务。一次，华支决定制作一批奖旗，颁发给被评上先进、模范的民工连队。华支政治部副部长陶白写好奖旗上的大字后，派邱光去宿州城里，找店家按规定式样做成奖旗。邱光步行15里，即将进入宿州城时，突然先后听到空袭警报和紧急警报，见到市民纷纷由城内向四郊疏散。为了完成任务，邱光毅然逆行往城里走。终于在大街上找到了一家能做旗帜的裁缝铺子，但店铺里的人已疏散下乡，要到傍晚才回城营业。邱光想了一下，决定留在城里坚持到傍晚，等裁缝回来把事情谈妥。就在盘算之时，敌机开始扫射机枪，投掷炸弹。邱光随街上的人跑向一所房屋内的防空洞躲避。躲进防空洞的人中，只有邱光一个人穿着军装，另外还有三四个人穿着便衣。这些人的身份、善恶，邱光一无所知。和这些人在一起，他心里很不安。等炸弹声、机关枪声停止，过了一会儿，邱光便赶快离开防空洞，退到有人走动的大街上。到了傍晚，上午疏散下乡的市民陆续返回，终于等到了裁缝店老板。他详细交代了定制彩旗的质料、样式和数量，商定了价格和提货时间，付了定金。一切谈妥后，他才起身返回司令部。

除了宣传科的任务，只要是战场上需要做的，邱光都主动承担。当时华东野战军追击12月1日从徐州乘汽车出逃的杜聿明集团，一天强行军140多里，军粮供应赶不上，所以后方支前运粮的任务十分紧张。华支不但要管二、三、五、六这四个分区粮食和民工的调配，而且本身也要直接做一部分粮食的接收和发放工作。负责直接收发粮食的是一位姓卢的秘书，每天在磅秤边忙得不可开交，邱光便主动上前帮忙过磅，后来习以为常，只要饭碗一放，便会过去过磅。

1949年初，淮海战役总攻结束后，邱光从宿县经徐州到淮阴回华中教育处。春节过后，上级决定派邱光去南通市军管会参加接管教育事业。还没等出发，华中机关便分为苏南、苏北两部分。邱光被分到苏南，首要任务仍然是接管教育事业。这是一项全新的工作，为了做好这项工作，邱光想方设法。

一天，邱光从报纸上有关徐州接管教育事业的报道中受到启发。如果能把那些新解放城市接管教育事业的报道汇集起来，一定可以为眼前这项工作提供帮助。于是，就从清江赶到淮安板闸镇，找到《新华日报》（华中版）社。他看到了全国各解放区出的许多种报纸。每当我们解放一个城市，过后报上总会出现接管教育事业的报道。那些报道各有各的写法，加上接管工作本身也相当复杂，他看了几篇便觉得头绪纷繁，记不清了。于是，就采取"抄下来再说"的办法，在报社夜以继日地接连抄了三天。回到华中教育处，又花了十来天，把抄来的报道整理成一份《接管新解放区城市教育事业的经验汇编》，约35 000字。这份资料来源于《人民日报》、《天津日报》、《东北日报》、《关东日报》、《长春新报》、《中原日报》、《大众日报》、《新民主报》（济南）、《新合肥报》、《新徐日报》、《新华日报》（华中版）等11种报纸，时间跨度从1948年8月3日到1949年2月27日，涉及长江以北陆续解放的北平、天津、洛阳、开封、郑州、保定、石家庄、张家口、临汾、长治、长春、沈阳、济南、潍坊、菏泽、合肥、徐州、两淮（淮阴、淮安）、涿县、郓城、潍县、太谷、清源、井陉、汾阳等城市接管教育事业的情况。仅从《接管新解放区城市教育事业的经验汇编》目录，就可知内容丰富。目录如下：

（一）接管新解放区城市教育事业的基本政策、方针和方法

（二）入城接管前的准备工作

（三）接管新解放区城市教育事业中的几个问题

1. 各类学校的处理；2. 人员的处理；3. 反动组织的处理；4. 教育经费；5. 课程、教材、教学法；6. 学校制度；7. 教育干部；8. 青年学生的领导；9. 社教机关的接管。

（四）接管工作的部署

1. 发布通告；2. 保护文教机关；3. 分派干部至文教机关解释政策，责成原有人员负责看管；4. 进行接收；5. 调查了解文教机关状况及教职员生活状况；6. 配备学校负责人；7. 公私立学校分别登记备案，办理教职员登记；8. 召开教职员工座谈会（解释政策、号召复课、提出要求、收集反映）；9. 办理救济、补助复课经费，号召克服困难；10. 正式复课。

（五）接管后进一步的措施

学校教育方面：1. 办好一所学校，推动其他学校；2. 树立民主风气；3. 提高教师质量、改进教学；4. 辅助学生学习。

社会教育方面：1. 设立阅览室、图书馆、民教馆，组织各项教育活动；2. 开办贫苦子弟攻读学校、民众夜校；3. 开办教养院，改造乞丐、妓女、二流子。

（六）典型材料——济南接管教育事业的经过

（七）参考资料（摘要或索引）

汇编总结了接管新解放区城市教育事业的丰富经验，为接管苏南教育事业这项工作提供了有力帮助。因此，在泰州乡下组织下江南的文教干部学习时，被用作学习材料。之后，邱光便在无锡市军管会教育处研究组和苏南教育处资料室工作。

学习马列，研究教育

早在二十世纪五十年代，邱光就曾探讨马克思主义关于个性形成问题的学说。1956年12月，江苏师范学院举办第一次科学讨论会，全院以系、教研组为单位，报告研究成果，并与参会者进行学术交流讨论。邱光所在的教育学教研组有三场报告，分别是：《〈学记〉今译》（顾树森）、《遗传环境和教育在个性形成中的作用》（邱光）、《谈话教学法在中学教学中的运用》（邵晓堡）。《遗传环境和教育在个性形成中的作用》全文约三万五千字，旨在阐明马克思主义关于个性形成问题的学说，批判在个性形成问题上的各种错误观点，揭露这些错误观点在社会实际生活中的具体表现。文章还提出了自己的论点，如"社会越发展，遗传素质在个性形成中的作用就越加退居次要的地位，而环境和教育的作用则越加增强"。

在五六十年代，邱光翻译了一些俄文、英文书刊上的教育文章，并在教研室印发，供教学参考。1962年，发表《在教育战线上高举教育为无产阶级政治服务的旗帜》。文章在充分阅读马列原著的基础上，重新学习马克思列宁主义关于教育为无产阶级政治服务的理论，研究教育为无产阶级政治服务的实践经验。文中还引用了当时的一些俄文教育书刊资料，如《共产主义教育基础》（Основы Коммунистического Воспитания，1960）、《苏联教育学》杂志（Советская Педагогика，1962）。"无产阶级政治"一度被错误理解为搞阶级斗争、政治运动。邱光的《在教育战线上高举教育为无产阶级政治服务的旗帜》一文，基于马列原著的阅读，同时作出了自己的分析思考。文章指出，为无产阶级政治服务的教育，必然要按照无产阶级现阶段的革命任务来规定当前教育工作的任务，必然要以马克思列宁主义的思想政治教育为灵魂，必然要同生产劳动相结合。这与搞阶级斗争、政治运动的错误理解截然不同。

粉碎"四人帮"后拨乱反正，一些错误的思想认识亟须纠正。1978年党的十一届三中全会后，全党全国工作着重点转移到社会主义现代化建设上来，诸如教育目的、教育本质等理论问题需要重新认识。邱光注重学习马列经典著作，用马克思主义理论观点，指导研究教育问题。对于马列经典著作，注重理解其本意，力求准确地理解。他掌握英语、俄文，特别注意不同语言版本的对照比较。注重立场、观点和方法的学习和应用，理论联系实际，指导解决教育实践中的实际问题。邱光发表的论文理论性强，观点鲜明，富于创新，对改革开放后教育理论学术讨论起了推动作用。

1977年，发表《学习马克思"批判旧世界"的教导，驳斥"四人帮"的所谓"批判旧教育"》。文章指出，马克思主义的本质是批判的、革命的。马克思曾经说过，"把批判和实际斗争看作同一件事情"。但是，"四人帮"却盗用马克思的旗帜，打着"批判旧世界"的幌子，在教育界"否定一切"，祸害极大。文章还引用毛主席的教导，强调学习马列观察问题和解决问题立场和方法的重要性。我们"不但应当了解马克思、恩格斯、列宁、斯大林他们研究广泛的真实生活和革命经验所得出的关于一般规律的结论，而且应当学习他们观察问题和解决问题的立场和方法"。

1979年，发表《评凯洛夫主编的〈教育学〉》。凯洛夫主编的《教育学》是中华人民共和国成立后引入的第一本社会主义性质的教育学教材。俄文第一版出版于1948年。赫鲁晓夫上台执政后，凯洛夫对原有内容进行了修改调整以适应形势变化，1956年出版了俄文新版《教育学》。凯洛夫主编的《教育学》曾对中国教育产生很大的影响。文章对照1948年和1956年两个版本，指出各自特点和不足，对于凯洛夫《教育学》中的观点，列举并做出评价。例如，凯洛夫《教育学》1948年版中有这样的话:"为了顺利地研究教育学这门科学,应当在这个工作中正确地和积极地实行共产党的路线";"实行马克思列宁主义、党的路线的教育学是真正科学的教育学,它正确地反映着客观存在的教育现象的规律性,并使教育工作与社会发展中的进步趋势互相适应"。文章指出,这里面包含着一种把党的路线和客观规律混同起来的观点,这在理论上是并不正确的。客观规律是不以人们意志为转移的一种存在,而党的路线毕竟是一种思想,这种思想正确与否,看它能否反映客观规律,最后还要通过实践来检验。不过,教育学不但要研究教育现象的规律性,而且要在此基础上研究如何进行教育工作。文章特别指出,教育学阐述教育问题就不可能不考虑党的政策,不可能不受到党的政治路线和教育路线的影响。

1979年,在《教育研究》发表《生产力、生产关系与教育事业的发展》,对"教育事业的发展直接决定于生产力"的观点,提出了不同看法。文章援引马克思的论述,"物质生活的生产方式制约着整个社会生活、政治生活和精神生活的过程"。指出生产方式的两个侧面——生产力和生产关系,对教育事业的发展都有影响,不能只讲一个方面。这篇文章被全国教育学研究会编《论教育和国民经济的发展》(1980)收录。对于教育是否由生产力直接决定这个问题,该书还收录了与邱光论点不一样的文章。编者指出,虽然各篇文章的说法有分歧,读者可以用马克思列宁主义毛泽东思想为指导,来进一步研究和讨论。

1981年,在《教育研究》发表《何谓"马列本来意义上的教劳结合"?》,指出有的报刊上刊载的"马列本来意义上的教劳结合"存在许多需要商榷地方。对此,文章逐一提出自己的看法:1.不能把《哥达纲领》的观点当作《哥达纲领批判》的观点;2.不能只讲"劳动者应能受到教育"而否定"受教育者必须参加劳动";3.不能只讲"教劳结合"的智育目的,而排斥其思想政治教育目的。文章最后强调,我们首先要力求准确地理解马列主义创始人关于教育与生产劳动结合的论述，理论上的混淆，必然带来思想上的动摇和行动上的错误，我们应当谨慎。

1983年是无产阶级革命导师卡尔·马克思逝世一百周年。中国教育学会教育学研究会向部分理事和会员征集学习马克思教育思想的文稿，最后选编出版了《学习马克思的教育思想：纪念马克思逝世一百年文集》。其中，收录了邱光的《〈从共产党宣言〉看教育的作用》。文章列举了《共产党宣言》中有关教育问题的论述，并指出对今天教育的意义。其中写道：今天，我们进行社会主义现代化建设，更加应当在教育工作中坚持社会主义、共产主义的方向，保证把受教育者培养成德、智、体几方面都得到发展的、有社会主义觉悟的有文化的身体健康的劳动者。

1986年，发表《关于教育本质的讨论和对本质的理解》。文章对前些年教育本质问题讨论中涉及的概念，如"特殊本质和共同本质""本质和归属""本质和定义""本质和规律"，进行探讨，发表自己的看法。文章指出，讨论教育的本质，既可以讨论教育的特殊本质，又不能排斥讨论教育的共同本质；既可以讨论教育的本质属性，又不能排斥讨论教育的归属问题（即本质上是什么）；既可以讨论教育的定义，又不能排斥讨论教育的基本规律（即本质的关系）。表述教育的本质，无须限于定义式，但不宜把所谓"理想因素"包括进去。

运用马列主义理论观点，结合本国国情研究教育，这一主张一直为邱光所倡导并实践。教育目的是重要的教育基本理论问题，也是教育学的重要内容。1986年，邱光担任储培君、夏瑞庆主编的《教育学》的编写组顾问，并撰写了第二章《教育目的》。在这一章中，邱光运用马克思关于人的全面发展学说的观点，并结合八十年代的国情，对教育目的作了系统阐述，体现了他的在教育研究中倡导和实践的一贯主张。

除了学习应用马列主义理论，探讨教育理论问题发表论文，邱光还参与了教育研究课题项目，发表了相关研究成果。

1982年9月，中国共产党第十二次全国代表大会在北京召开。党的十二大明确指出：社会主义精神文明是社会主义的重要特征，是社会主义制度优越性的重要表现。根据党的十二大提出的这个要求，江苏省委科教部宣传处制订《大学生共产主义思想品德教育计划》，组织江苏高校有关人员编写《江苏省大学生共产主义思想品德教育教学大纲》。经过半年时间的努力完成初稿。其间，邱光完成了江苏省《大学生共产主义思想品德教学大纲》第三十一讲《师德教育》（讨论稿）。讲稿依据共产主义道德的精神和教师职业对人民教师思想品德的要求，以及优秀教师的道德实践，将人民教师的道德规范分为三大方面，并分别阐述具体内容要求。第一，对工作，要忠诚于党的教育事业。第二，对自己，要以身作则，严以律己，要好学不厌，勤于进取。第三，对他人，要热爱学生，诲人不倦；要团结同事，同心协力。之后，邱光以《论人民教师的职业道德》为题，将部分内容发表于《苏州大学学报》1983年第2期。

1983年2月，江苏省《大学生共产主义思想品德教育教学大纲》编写组，召开大纲编审会。在集体讨论的基础上，对大纲重新进行了编写、修改。邱光担任编审组副组长，最后和蒋尧生、王育殊、刘仲明、沈正祺四位同志一起完成全书审改定稿。同年，《大学生共产主义思想品德教育教学大纲》一书由江苏教育出版社出版。

1985年，《中共中央关于教育体制改革的决定》颁布。指出"教育必须为社会主义建设服务，社会主义建设必须依靠教育"，体现了党中央对教育事业的高度重视。同时，指出了在教育思想、教育内容、教育方法上的落后和不足。造成落后状况的原因是多方面的，其中之一，就是由于教育科学理论落后。因此，应当编写一本反映我国社会主义建设的客观需要的普通教育学。

鉴于中央的指示精神和实际存在的问题，教育界开始酝酿编写一本中国社会主义教育学。1985年5月，包括邱光在内的全国70多位教育专家，代表北京师范大学、南京师范大学、曲阜师范大学等50多所师范院校、教育科研单位、中小学及教育行政机关，齐聚南京江苏教育学院，讨论教育学编写大纲。这份大纲此前已向叶圣陶、董纯才、刘佛年等100多位同行专家征求过意见，并已作修改。在这次会上，专家们对大纲进一步深入探讨，并再次进行修改。根据各人的专长，大家分工协作，撰写有关章节。经过两年的努力，全书共27章的《中国社会主义教育学》于1987年12月正式出版。邱光担任该书编委，负责审定教学论部分的七章内容，并撰写第12章《教学组织形式》。该章内容包括：教学组织形式的历史发展、教学的基本组织形式——班级上课制，以及班级上课的辅助形式和特殊形式。

1985年，邱光参与了《中国大百科全书·教育》（1985）的编写工作。编写了德育方法词条，包括：说服，榜样，操行评定，批评与自我批评，自我教育，道德实践，奖励和惩罚。此外，还担任《教育辞典》（张焕庭主编，1989）编委。

1987年，江苏省陶研会和江苏省教科所承担了"陶行知师范教育思想及其实践"的课题研究任务。该课题是"七五"期间国家教委级重点项目"陶行知系列研究"的子课题。根据总课题组计划，江苏课题组承担三项具体研究任务。一是基础性研究，编辑《陶行知论师范教育》文集；二是理论性研究，撰写《论陶行知师范教育思想》理论著作；三是实验性研究，汇编《陶行知师范教育思想实践》专辑。邱光参与了前两项研究。

第一项基础性研究，目的是满足师范院校、教育学院、进修学校的教师、学生及教育科学研究人员的学习和研究的需要。在江苏省陶研会会长、江苏课题组负责人罗明的主持下，邱光与其他课题组成员一起参加了研讨和编辑工作。成果是课题组于1988年6月编印的《陶行知论师范教育》。全书共收陶行知先生的文章125篇，30余万字。按文章内容，共分十编：1. 中国教育改造与师范教育；2. 改造师范教育的基本理论武器；3. 晓庄试验和有关的几所学校；4. 学制改革与广义师范教育；5. 师范教育的培养目标；6. 师资素质修养；7. 师范学校课程与教育方法；8. 学校领导与管理；9. 师范教育的试验与研究方法；10. 教师的地位、待遇。

第二项理论性研究，成果是1991年2月由江苏教育出版社出版的《论陶行知师范教育思想》。1991年是人民教育家陶行知先生诞辰一百周年，该成果是对陶行知先生诞辰一百周年的献礼。在课题组负责人罗明主持下，采取集体讨论和分工执笔相结合的方式撰写，经过课题组四次集体评议，修改完稿。全书共十二章，邱光撰写了全书第一章《陶行知师范教育思想的形成和发展》，近两万字，全面系统地梳理了陶行知师范教育思想的形成和发展。内容分为三个阶段：一是从提倡"新教育"到初步形成自己的师范教育思想体系（1917—1926）；二是在晓庄师范的教育实践中，提出自己的生活教育理论（1927—1930）；三是陶行知师范教育思想的继续发展（1931—1946）。

参政议政，教书育人

1955年12月，民进中央副主席王绍鏊到苏州访问，向江苏师范学院历史系主任柴德赓传达民进总部的安排，委任柴德赓为民进江苏省筹委会副主任委员，同时在苏州市筹建民进基层组织。柴德赓着力在苏州教育、文化界发展会员。1957年4月，邱光经民进苏州市筹委会上报民进江苏省筹委会批准入会。

1957年11月7日，是苏联十月社会主义革命四十周年。早在10月，江苏师范学院就开始筹划各种庆祝纪念活动。11月5日，《江苏师院报》刊出《庆祝伟大的十月社会主义革命40周年》专号。头条发表《坚定不移的学习苏联先进教育经验》的文章。11月6日，江苏师范学院举行了全院师生和各民主党派代表会议，由师院党委报告十月革命伟大意义。10日，《江苏师院报》刊登了邱光在民主党派代表会议上的讲话。邱光首先代表中国民主促进会江苏师范学院支部热烈庆贺十月社会主义革命四十周年。讲话指出了苏联社会发展取得的伟大成就，苏联对中国革命和建设的巨大帮助。最后表示，在这伟大的十月社会主义革命四十周年的前夕，中国民主促进会江苏师院支部愿意在中国共产党的领导下，和同志们一起，提高无产阶级国际主义思想，和右派分子破坏中苏友谊和团结的反动言行做坚决的斗争，以这样的实际行动，作为对这个伟大节日的献礼之一。

1983年11月，邱光出席中国民主促进会第五次全国代表大会，被选为中国民主促进会第七届中央委员会委员。次年10月，时值庆祝中华人民共和国建国35周年，邱光抚今追昔，感慨万千，发表了《肝胆相照，荣辱与共》一文。文章指出苏州大学各民主党派在党的领导下，政治上不断进步、组织上逐步扩大、工作上不断发展，在为社会主义服务中做出了不少成绩。他列举具体数字加以说明：对比1966年初，学校各民主党派的成员人数已经增加了一倍。其中担任省、市人大代表的8人，省、市政协委员的17人。学校各民主党派的成员中，已有2人被评为市劳动模范，1人被评为省三八红旗手。文章最后指出，今后仍将在党的"长期共存、互相监督""肝胆相照、荣辱与共"方针的指引下，坚持四项基本原则，加强思想建设和组织建设，为社会主义现代化竭尽全力。"让我们更加紧密地团结在中国共产党的周围，高举爱国主义、社会主义的旗帜，向我们伟大祖国更加美好的明天胜利前进吧！"

1981年，作为民主党派教育界代表人物，邱光被推选为第六届苏州市政协委员，之后被推选为第五、六届江苏省政协委员。在担任政协委员的履职过程中，他充分发挥个人专业优势，就教育问题深入调研，积极参政议政。1985年，在苏州市七届四次政协会议中，与胡达修、汤山源委员共同提出《建议市人民政府支持第三十八中学继续实施大改方案》提案，建议市政府从三十八中的实际情况出发，支持该校继续实施大改方案。提案如下：

案由：《建议市人民政府支持第三十八中学继续实施大改方案》(1985年苏州市政协七届四次会议第263号提案)

提案人：邱光、胡达修、汤山源

理由：最近市政协组织到教育改革的大改单位三十八中视察。该校经过初步改革，教师积极性很高。在教师带动下，学生也认真学习。上学期全市初中统考，该校成绩已超过市平均分数线，进步较快。但现在该校在继续贯彻大改方案方面顾虑很多，主要是怕突破上级规定的奖金限额。我们认为，三十八中的大改方案曾由市里批准，并在实践中取得较好的效果，不宜骤然废止。特建议市人民政府，从三十八中的实际情况出发，支持该校继续实施大改方案。该校既是大改单位，似应容许他们采取一些和一般学校不尽相同的办法进行新的探索，以便为我市的教育改革积累一些有益的经验。

1985年9月10日，苏州市教育局对提案给予了答复，就三位委员对苏州普教事业的关心和支持表示了感谢。苏州市第三十八中学的改革受到关注，积极性进一步提高。

邱光还对政协多项好的提案予以了附议。主要有：《举办暑期讲习会，培养小学音乐、美术、体育教师案》(1983年苏州市政协七届一次会议第78号提案)，《关于办好幼儿师范》(1984年苏州市政协七届二次会议第117号提案)，《为纪念民族英雄林则徐修复纪念碑亭由》(1984年苏州市政协七届二次会议第201号提案)。

对于教育实际问题，邱光在调查、写提案的同时，坚持理论分析和思考，主张用马克思主义的思想方法解决问题。他注意到，现在乡镇企业比较发达的苏南农村，相当普遍地存在着"宁要普通高中毕业生，不大欢迎职业中学毕业生"现象，认为这是一个值得深入探讨的问题。对于"片面追求升学率"，更表示"严重关切"，要"深刻反思问题到底出在哪里"。如何解决片面追求升学率问题？邱光指出，马克思在论教育问题时提出的"应该从现实情况出发"，正是指导我们纠正片面追求升学率的方法论。(《"从现实情况出发"纠正片面追求升学率》)

"从现实情况出发"是马克思解决教育问题时提出的方法论。邱光一生致力于学习应用马克思主义观点研究中国教育问题，坚持并倡导这一方法论。因此，"从现实情况出发"可以突出代表邱光教育研究的主张。

尽管科研任务重，社会工作多，邱光仍然尽心尽责做好教育科学研究室的行政工作，做好本科生教学、进修教师和研究生指导的工作。

1981年至1986年，邱光任教育科学教研室主任。在既没有副主任也没有秘书的情况下，大至贯彻方针、政策，小至收发公文、填表统计，计算工作量，预订教材，教研室工作都由邱光一人承担。自1957年至1982年，教研室在25年里没有进过一个助教，师资力量薄弱。为此，邱光特别注意在各系学生中选拔合适对象，准备培养为教育学、心理学教师。1980年9月，江苏师范学院从物理、历史、化学、政教等专业选派了优秀毕业生樊琪、黄辛隐、吴荣华、周川、朱永新到上海师范大学教育心理学师资班深造。两年后，这五位青年教师学成回到苏州大学（1982年学校复名为苏州大学）任教。邱光组织教育科学教研室全体教师，欢迎学成回校任教的青年教师，并一起合影留念。

邱光鼓励青年教师开展科学研究，或进行调查测量，或撰写论著或编写教材。组织青年教师参加全国或省市的教育学科及其分支的学术性团体，争取参加校外各种学术性会议，通过内外交流提高学术水平。

尽管教研室任务重、人手少、事务杂，邱光仍然和其他老师一样承担本科两个班的课务。并且，从编写教材、讲课、辅导、组织辅助活动，到指导见习、批改作业、考试评分，全由自己完成。邱光讲课井井有条，表达清晰。教学内容理论性强，能加深学生的认识。在教学中，能注意适应形势发展，吸收新材料，探讨新技术革命与教育、教育"三个面向"等新问题。经常教育学生热爱专业、为做一个优秀的人民教师认真学习，努力提高自己的思想和业务水平。对同学们的要求和建议，也能及时向学校有关部门反映。在教学方法上，能联系中学教育，包括中学数学的学科特点，讲清概念，阐明规律。注重安排观看教育、教学的电影、电视片，见习，听中学老师介绍经验等教学辅助活动。帮助学生加深对教材的理解，并提高学习兴趣。为了加强学生能力的培养，注意组织学生自学讨论，写见习报告，考试命题也加大了实例分析的比重。对考察、考试评分，要求严格。但对观点与自己不同的，言之成理的答卷仍给予较高的评价。

除了本科生教学，邱光还指导进修教师和研究生。1982—1983学年，指导了连云港教师进修学校的谢恒时和海州师范的黄永言两位进修教师。黄永言在进修期间，开始编写《中等师范教育实习手册》。邱光对写作提纲和一部分初稿给予了指导。1984年10月，黄永言编著的《中等师范教育实习手册》由人民教育出版社出版。1984—1985年，邱光先后带过两个助教。指导的方法是随堂听课、审阅讲稿和论文、听试讲。经过他们的努力，开课后教学效果都很好。1986年，开始带硕士研究生。讲授《教育学基本原理》《教学论》两门课程。对硕士研究生，在专业上严格要求，在生活上给予关心和帮助。

1987年10月，邱光离休。1988年，在邱光的影响下，教育科学教研室青年骨干教师朱永新，加入了民进组织。

2005年11月，邱光年近八十，向组织提交了加入中国共产党的申请报告。报告如下：

申请报告

20世纪40年代，经过学生运动，我认识到党领导广大人民反美反蒋，推翻国民党的反动统治是完全正确的。参加革命以后，在党的教育下，我又懂得了要全心全意为人民服务，要为社会主义、共产主义事业奋斗，并曾多次申请入党。此后虽然我在组织上没有入党，并参加了中国民主促进会，但始终牢记要听党的话，坚决跟着党走，所以我历来重视时事政治理论学习，力求使自己的言行能符合党的路线、方针、政策。

十一届三中全会以来，我对拨乱反正、改革开放的成就深有体会。社会安定了，经济发展了，国力增强了，生活改善了。实践证明了邓小平理论、"三个代表"的重要思想和党的基本路线的正确。

党在加强作风建设中，不断揭露和严肃惩处腐败分子。据我所知，旧社会国民党是从来没有，有也不敢这样做的。只有共产党才能坚决与贪污腐败做不懈的斗争。

近年来，党中央提出加强执政能力建设，坚持以人为本的科学发展观与构建和谐社会，非常合民意、得民心，我衷心拥护，深信在党的领导下，建设有中国特色社会主义的前景一定会越来越好。

当前党内正在开展保持共产党员先进性的教育活动，这也激发了我向党看齐的决心。在党的长期教育下，我对共产主义理想和中国特色社会主义有坚定的信念，坚决拥护党的路线、方针、政策，愿意为党的事业、为建设有中国特色社会主义贡献自己的全部力量，所以尽管年龄较大，仍然积极提出入党申请，请予审查。

此致

中共院系离休支部

邱光

2005.11.21

2006年5月，党组织批准邱光加入中国共产党。时年八十岁的邱光，终于实现了自青年时代就立下的愿望。

目录

第一辑　马克思主义理论观点的阐述应用

在教育战线上高举教育为无产阶级政治服务的旗帜 …………… 003
评凯洛夫主编的《教育学》 ……………………………………… 027
生产力、生产关系与教育事业的发展 …………………………… 038
何谓"马列本来意义上的教劳结合"？ ………………………… 049
从《共产党宣言》看教育的作用 ………………………………… 059
关于教育本质的讨论和对本质的理解 …………………………… 066
论教育目的 ………………………………………………………… 074

第二辑　论教学与师范教育

论教学组织形式 …………………………………………………… 101
论人民教师的职业道德 …………………………………………… 120
陶行知师范教育思想的形成和发展 ……………………………… 132

第三辑　论德育与班主任工作

谈谈思想政治教育的主要规律 …………………………………… 165

论德育方法 …………………………………………………… 175
九十年代大学班主任的光荣使命 …………………………… 182

第四辑　论教育改革

"从现实情况出发"纠正片面追求升学率 …………………… 187
在动态中把握社会主义初级阶段教育的特征 ……………… 194
浅谈"三个面向" ……………………………………………… 198

邱光著述年表 ………………………………………………… 202
后记 …………………………………………………………… 205

第一辑

马克思主义理论观点的阐述应用

在教育战线上高举教育为无产阶级
政治服务的旗帜

教育为无产阶级的政治服务，是马克思列宁主义教育理论的核心内容，"是我们的教育事业的根本出发点"。① 它反映着无产阶级在教育领域中的根本利益。所以资产阶级教育家一直千方百计地反对教育为无产阶级的政治服务。现在，现代修正主义者在背弃无产阶级革命和否定无产阶级专政的同时，在教育工作中也抛弃了教育为无产阶级政治服务的旗帜，背弃了无产阶级革命教育事业。在这种情况下，重新学习马克思列宁主义关于教育为无产阶级政治服务的理论，研究教育为无产阶级政治服务的实践经验，坚持教育为无产阶级政治服务的革命立场，无疑是十分必要的。

一、"我们不能让教育工作不联系政治"

无产阶级革命导师历来主张教育为无产阶级的政治服务。列宁说："在教育工作的整个方针方面，我们反对教育脱离政治的旧观点，我们

---

① 周恩来：《政府工作报告》，1959 年 4 月 18 日。

不能让教育工作不联系政治。"①

无产阶级革命导师的这一主张，是以马克思主义关于意识和存在关系问题的理论为其哲学基础的。毛泽东同志曾经依据这一理论，分析过文化和政治、经济的关系问题。他说："一定的文化（当作观念形态的文化）是一定社会的政治和经济的反映，又给予伟大的影响和作用于一定社会的政治和经济。而经济是基础，政治是经济的集中表现。这是我们对于文化和政治经济的关系及政治和经济的关系的基本观点。"② 教育是传递文化的工具，属于意识形态的范围，也是社会上层建筑，因而我们观察和处理教育和政治的关系问题，也要以马克思列宁主义关于文化和政治经济关系问题的基本观点为根据。

依据马克思列宁主义的观点，政治是经济的集中表现，它在全部社会上层建筑中处于中心地位。无产阶级要改造旧社会、建设新社会必须通过政治斗争。马克思、恩格斯指出："工人革命中的第一步是把无产阶级变成为统治阶级"，然后"以统治阶级资格运用强力去消灭旧的生产关系"。③ 所以，无产阶级的政治是无产阶级的根本利益所在。

无产阶级的一切斗争，包括思想战线上的斗争，都必须服从政治斗争。毛泽东同志说："革命的思想斗争和艺术斗争，必须服从于政治的斗争。因为只有经过政治，阶级和群众的需要才能集中地表现出来。"④ 由此可见，坚持教育为无产阶级的政治服务，实质上就是在教育工作中坚持无产阶级的阶级立场，捍卫无产阶级的根本利益。

另一方面，无产阶级的政治也需要教育来为它服务。因为无产阶级要改造旧社会、建设新社会必须依靠人民群众，而教育则是影响人们身

---

① 《列宁论国民教育》，1959年版，第400页。
② 《毛泽东同志论教育工作》，1958年版，第5页。
③ 《共产党宣言》，1949年版，第57—59页。
④ 《毛泽东同志论教育工作》，1958年版，第7页。

心发展的有力工具。教育能够通过培养革命干部、提高群众政治和文化水平,来为无产阶级的政治服务,对政治起反作用。列宁在1905年说过:在"党的政治活动中,现在和将来始终有某种教育学的因素;必须把整个雇佣工人阶级培养成为使全人类摆脱一切压迫而斗争的战士;必须经常教育这一阶级的不断出现的新阶层"。列宁指出,要坚持不懈地耐心地提高他们,使他们具有社会主义觉悟。[1] 斯大林也说过:"党在无产阶级专政时期的重大任务之一,就是开展以无产阶级专政和社会主义精神改造老一代和教育新一代的工作。……不完成这些任务,就不可能取得社会主义的胜利。"[2] 从无产阶级的长远利益看来,年青一代的教育具有十分重大的意义。马克思说:"工人阶级的最有教养的一部分会完全了解,他们阶级的未来,也就是人类的未来,完全取决于正在成长的工人一代的教育。"[3] 无产阶级消灭一切剥削制度和一切剥削阶级及其残余的斗争,是一个长期的、需要好几代人持续努力的革命事业。因此,培养坚强的革命后代,使他们能把无产阶级的革命旗帜,"撑持到最终的胜利"[4] 而不半途而废,这是无产阶级革命事业中一项具有战略意义的任务。

总之,教育应当服从于无产阶级的根本利益——无产阶级的政治,这是一方面;另一方面,无产阶级的政治也需要教育这个改造旧社会、建设新社会的强有力的工具。正因为这样,无产阶级革命导师坚决主张教育要为无产阶级的政治服务。在《共产党宣言》中,马克思、恩格斯把教育看作无产阶级取得政权后变革生产方式、消灭阶级差别的措施之一。[5] 在《俄共(布)党纲草案》中,列宁规定:"学校应当成为无

---

[1]《列宁论国民教育》,1959年版,第65页。
[2]《马克思主义经典作家论教育》,1958年版,第41—42页。
[3]《马克思恩格斯论教育》,1958年版,第192页。
[4] 斯大林:《列宁主义问题》,莫斯科中文版,第558页。
[5]《共产党宣言》,1949年版,第58页。

产阶级专政的工具。"①

资产阶级教育家为了反对教育为无产阶级的政治服务，说什么教育不应当为某一阶级服务，而应当为整个社会服务，为全人类服务。如美国的杜威就竭力宣传办教育要接受一种整个社会的观点，不能从某一阶级的观点出发。② 这是一种骗人的说法。在存在着阶级和阶级斗争的社会里，不可能有超阶级的教育。毛泽东同志说："在现在世界上，一切文化或文学艺术都是属于一定的阶级，属于一定的政治路线的。"③ 教育作为传递文化的一种工具，当然也有阶级性，它向来是为一定的阶级服务的。高叫教育为整个社会服务的资产阶级，它所办的教育，便完全是为资产阶级的政治服务的。列宁说："资产阶级国家愈文明，它就愈会说谎，说学校可以不问政治而为整个社会服务。事实上，学校完全变成了资产阶级统治的工具，浸透了资产阶级的等级思想。"④ 克鲁普斯卡雅曾经列举许多具体事实，说明欧美资产阶级国家办学校的目的。她指出："如果它是为统治阶级的子弟设立的，那末它的目的，就是把学生培养成能享乐和统治的人。""如果学校是为小资产阶级的子弟设立的，那末这种学校的目的就是把他们培养成官僚政治的干部，知识分子的干部。……他吃统治阶级的饭，听统治阶级的话。""至于说到国民学校，资产阶级力图把无产阶级儿童的教育工作完全控制在自己手里，保持对新一代的特殊影响。……国民学校的任务是培养学生的资产阶级道德观点，麻痹他们的阶级觉悟，把他们变成易于统治的顺从的乌合之众。"⑤ 克鲁普斯卡雅还谈到英国的资产阶级也"资助小学里有天才的、

---

① 《列宁论国民教育》，1959年版，第329页。
② 杜威：《今日的教育》第四十一章《阶级斗争与民主道路》。
③ 《毛泽东同志论教育工作》，1958年版，第6页。
④ 《列宁论国民教育》，1959年版，第285页。
⑤ 《克鲁普斯卡雅教育文选》(上)，1959年版，第254—256页。

温顺驯从的学生升入中学和高等学校";美国的工厂主在让青年工人上工厂学校学习时,甚至允许他们"可以不做工作,同时照样领取工资。此外,如果学生能顺利地把一门课程学完,还发给他 50—150 美元的奖金"。资本家为什么如此"慷慨"呢?克鲁普斯卡雅指出,它的目的在于"扩大自己对青年的影响","在工人阶级中分化出一批最有才干的工人成为特殊的工人贵族特权阶层"。① 可见,资产阶级所掌握的一切教育事业,包括它给工人阶级及其子女所受的教育在内,都是为资产阶级的统治服务的。但是,由于资产阶级的统治总是意味着对广大劳动群众的剥削和压迫,所以资产阶级教育家就千方百计地掩盖他们的教育为资产阶级政治服务的阶级本质,把他们的教育说成是为整个社会服务的,以欺骗劳动群众。

无产阶级的政治是以全世界劳动群众的解放为目标的,是和劳动群众的利益根本一致的。因而我们敢于公开声明我们的教育要为无产阶级的政治服务,我们敢于揭示教育从属于一定阶级的政治这个客观规律。列宁说:"我们的学校事业同样是为推翻资产阶级而斗争。我们公开声明,学校可以脱离生活,可以脱离政治,这是撒谎骗人。"②

同时,我们也不能不公开声明我们的教育要为无产阶级的政治服务。列宁说:"与过去那些谎言不同,我们不能不公开提出问题,公开承认教育不能不联系政治。"③ 过去几千年阶级社会的旧教育,向来是为剥削阶级的政治服务的。剥削阶级的教育思想在教育界本来就有着深刻的影响。现在,资产阶级和现代修正主义者又竭力散布他们的教育理论。如果我们不高举教育为无产阶级政治服务的旗帜,坚决改造旧教育,同时坚决与一切非无产阶级的教育思想作斗争,就不能"改变教育

---

① 《克鲁普斯卡雅教育文选》(上),1959 年版,第 257,234—236 页。
② 《列宁论国民教育》,1959 年版,第 285 页。
③ 《列宁论国民教育》,1959 年版,第 401 页。

的性质""使教育摆脱统治阶级的影响",① 就不能"把学校由资产阶级的阶级统治工具变为摧毁这种统治和完全消灭社会阶级划分的工具"②;那样办教育,就会损害无产阶级革命事业,而有利于维护或复辟资本主义。

现在,现代修正主义者在社会主义国家内部还存在着阶级和阶级斗争的情况下,就绝口不谈教育为无产阶级的政治服务,并且同他们所说的"全民的党""全民的国家"相吻合,他们说他们的教育正在变为"全民的事业"。③ 这就背弃了列宁所一再强调的我们要公开声明教育为无产阶级政治服务的原则。正如抹煞阶级斗争是对无产阶级革命事业的背叛一样,现代修正主义者抹煞教育的阶级性,也是对无产阶级革命教育事业的背叛。我们知道,资产阶级之所以要否认教育的阶级性,掩盖他们的教育为资产阶级政治服务的真相,是由于资产阶级的利益和广大劳动群众的利益根本对立;同样,现代修正主义者之所以要抹煞教育的阶级性,掩盖他们的教育为修正主义的政治服务的真相,也是由于他们的利益和广大劳动群众的利益根本对立。无产阶级是绝不需要也绝不容许隐讳教育从属于一定阶级的政治这个客观规律的。

资产阶级教育家为了反对教育为无产阶级的政治服务,还说什么应当用教育来代替无产阶级革命。杜威说:"为要实行所需要的社会改造,被剥削阶级意识到他们是一个被剥削集团,就想获得物质力量,甚至政权,来变为一个统治阶级,这是不是够了?""我很难想象任何教育家抱着这种观点,除非他早已抛掉了对教育所有的信心。"他强调改造社会的斗争"应当根据社会的利益,而不是根据某一阶级的利益来进行","在实现改造中,是教育的手段和方法,而不是暴力的手段和方

---

① 《共产党宣言》,1949 年版,第 54 页。
② 《列宁论国民教育》,1959 年版,第 329 页。
③ Советская Педагогика,1962 年 11 月号,第 152 页。

法，应起最大的作用"。他认为"意见影响行为"，"你能控制意见，就能够至少在目前控制着社会行动的方向"。可是，杜威究竟主张怎样办教育，来"控制意见""控制社会行动的方向"呢？他说办教育"要从我们的民主传统和方法"出发，要"接受民主思想……作为教育行动指导思想的来源"。①原来，他的主张就是要以美国资产阶级的"民主政治"来指导教育行动。

难道这样的教育能够改造社会吗？美国的另一位资产阶级教育家胡克曾经追随杜威，一个腔调地主张教育"应该努力培养一种对于民主主义社会理想底明智的忠实"。他大声疾呼要资本家重视这种教育，他要求想紧缩美国教育经费的人"顶好是考虑一下他们财产的将来会是怎样？"他强调美国的教育是"最有效地保证财产和收入的私有权与享受的制度"所不可缺少的。② 这一段话充分暴露了资产阶级教育家所谓用教育来代替革命，即用资产阶级政治指导下的教育来代替革命，实质上是要教育为资产阶级的政治服务，以维护资本主义的经济制度。这使我们想起，马克思在回答资产者对无产阶级革命的种种责难时说过的一段话："你们的观念根本就是资产阶级生产关系和资产阶级所有制关系底产物。"③ 分毫不差，资产阶级的教育固然是资产阶级所有制的产物，"用教育来代替革命"的主张也是资产阶级所有制的产物。

现在，现代修正主义者也声称，用不着革命，社会主义国家和资本主义国家可以和平竞赛来建设一个使个人得到全面发展的经济和社会秩

---

① 杜威：《今日的教育》第四十一章《阶级斗争与民主道路》、第十八章《教育的政治作用》，见华中师院教育系编译：《美国反动教育资料选辑》，第7页，第23—25页。

② 胡克：《现代人底教育》第一章《教育的目的》、第三章《社会和教育》，见华中师院教育系编译：《美国反动教育料选辑》，第27页，第45—46页。

③《共产党宣言》，1949年版，第53页。

序。① 这种观点,也是极其错误的。马克思早就指出过:"革命之所以必需,不仅因为没有任何其他的办法能推翻统治阶级,而且还因为推翻统治阶级的那个阶级,只有在革命中才能抛掉自己身上的一切脏东西,才能建立社会的新基础。"② 革命,只有革命,才能在改造客观世界的同时,改造主观世界。马克思主义者从不幻想不经过革命就能改造旧社会、培养新人。无产阶级首先是要革命,然后从无产阶级革命事业的利益出发来估量教育的作用,把革命的教育事业看作整个无产阶级革命事业的一部分。我们不能听信资产阶级教育家的谎言,用教育去代替革命;同样,我们不能听信现代修正主义者的谬论,取消无产阶级革命,在资本主义制度下去培养社会主义社会全面发展的新人。我们坚持无产阶级革命,也坚持教育为无产阶级革命服务。

二、教育为无产阶级政治服务的主要标志

要在教育工作中坚持教育为无产阶级政治服务的革命立场,就必须明确,什么样的教育才是为无产阶级政治服务的教育,什么样的教育便不是为无产阶级政治服务的教育。依据无产阶级革命领袖的教育思想和无产阶级革命教育事业的实践,为无产阶级政治服务的教育必然要具有这样几个主要标志:

第一,为无产阶级政治服务的教育,必然要按照无产阶级现阶段的革命任务来规定当前教育工作的任务。

无产阶级政治的最终目的,在于实现共产主义的远大理想。为了达到这个目的,无产阶级革命必须经过一系列互相连续的革命发展阶段。所以教育为无产阶级的政治服务,必然是为实现共产主义的远大理想服

---

① 《意共第十次代表大会提纲》,见《再论陶里亚蒂同志同我们的分歧》,第12—13页。

② 《马克思恩格斯论教育》,1958年版,第122页。

务和为无产阶级现阶段的革命任务服务的辩证统一。列宁在 1919 年《俄共（布）党纲草案》中曾经规定，要使学校成为摧毁资产阶级统治和"完全消灭社会阶级划分的工具"，学校应当为"实现共产主义制度"服务。① 但是，他又总是根据无产阶级在现阶段的革命任务，提出对当前教育工作的具体要求。十月革命胜利后，他要求无产阶级文化教育组织"在提拔工人来管理国家方面"帮助党。② 在推行合作制时，他号召"在农民中进行文化工作"，提高广大农民群众的文化水平。③ 事情很明显，不实现无产阶级在革命发展的各个阶段的政治任务，就没有可能实现共产主义的远大理想。

毛泽东同志在文化教育方面，也一贯主张马克思列宁主义的不断革命论和革命发展阶段论的统一。在我国民主革命时期，毛泽东同志曾经指出："在现时，毫无疑义，应该扩大共产主义思想的宣传，加紧马克思列宁主义的学习，没有这种宣传和学习，不但不能引导中国革命到将来的社会主义阶段上去，也不能指导现时的民主革命达到胜利。"但是他同时强调，"现阶段革命的基本任务主要地是反对外国的帝国主义和本国的封建主义"，"现阶段上中国新的国民文化的内容，……是以无产阶级社会主义文化思想为领导的人民大众反帝反封建的新民主主义"。④

依据无产阶级现阶段的革命任务来规定当前教育工作的任务，是教育为无产阶级政治服务的重要标志。现在，社会主义国家的无产阶级，在国际上面临着和帝国主义作斗争的严重任务，在国内要和企图复辟的旧的剥削阶级残余分子和新的资产阶级分子作斗争，并且要为消灭工人和农民的阶级差别创造条件。在这种情况下，我国教育事业的特点，

---

① 《列宁论国民教育》，1959 年版，第 329 页。
② 《列宁论国民教育》，1959 年版，第 287 页。
③ 《列宁论国民教育》，1959 年版，第 483 页。
④ 《毛泽东同志论教育工作》，1958 年版，第 25—27 页。

"首先在于它是反对帝国主义的"①；在国内来说，我们教育战线的根本任务，"是在党中央和毛泽东同志的领导下，在社会主义建设总路线的光辉照耀下，把政治思想战线上的社会主义革命进行到底，彻底肃清资产阶级的政治影响和思想影响，极大地提高全体人民的共产主义的思想觉悟和道德品质，普及和提高全民教育，为消灭工农差别、城乡差别、脑力劳动与体力劳动的差别而积极奋斗"②。但是，现代修正主义者却认为，社会主义国家的教育，只要强调教学生去"创造共产主义的物质技术基础"③，他们根本不以反对帝国主义的精神教育学生，不以和资产阶级作斗争的精神教育学生，又故意混淆工人和农民的阶级差别。现代修正主义的教育，完全离开了无产阶级现阶段的革命任务，必然脱离为无产阶级政治服务的轨道。这样的教育，只能为复辟资本主义开辟道路，而绝不可能为实现共产主义作出贡献。

第二，为无产阶级政治服务的教育，必然要以马克思列宁主义的思想政治教育为灵魂。

列宁说过："在任何学校里，最重要的是课程的思想政治方向。"④我们的教育要培养能够彻底建成共产主义的革命者，要培养无产阶级的坚强的革命后代，必须十分重视马克思列宁主义的思想政治教育。1957年毛泽东同志在批评对于知识分子和青年学生的思想政治工作有所减弱时强调指出："没有正确的政治观点，就等于没有灵魂。"⑤ 所以，是否进行马克思列宁主义的思想政治教育，也是判断教育的性质、辨别教育是否为无产阶级政治服务的重要标志。

---

①《当前教育革命指针》，1960年版，第17页。
②《当前教育革命指针》，1960年版，第58页。
③ Основы Коммунистического Воспитания，1960年版，第一章第一节。
④《列宁论国民教育》，1959年版，第109页。
⑤《毛泽东同志论教育工作》，1958年版，第8页。

当然，教育要为无产阶级的政治服务，也应当重视文化科学、知识技能方面的教育。列宁认为必须使青年们认清："只有在现代知识基础上，他才能建立共产主义社会。如果他不通晓这种知识，那共产主义就始终不过是一种愿望而已。"① 但是，我们毕竟应该懂得，单是有知识，并不就是无产阶级的革命者。斯大林曾经说过："旧制度有很多受过高等教育的人站在自己方面，给自己服务，这些受过高等教育的人拥护旧制度，反对新制度。要知道教育是一种武器，其效果是决定于谁把它掌握在手中，用这个武器去打击谁。"② 所以，确定教育的性质，判断教育为什么阶级服务，必须依据思想政治教育的方向，而不是依据知识技能教育的程度。

现在，现代修正主义者蓄意歪曲列宁的思想，把列宁关于《青年团任务》的著名演说归结为："对于新学校来说，列宁认为最重要的是使学生深刻地掌握科学基本知识，把教学跟生产劳动结合起来。"③ 这完全是断章取义。读过列宁这篇演说的人不会不知道，列宁认为最重要的是要把年青一代培养成共产主义者。列宁教导青年必须掌握科学基本知识，首先是从这个角度出发的。他指出，如果以为"不掌握人类积累起来的知识就能成为共产主义者，那你们就犯了极大的错误。如果以为不必领会产生共产主义学说的全部知识，只要领会共产主义的口号，只要领会共产主义科学的结论就已经够了，这也是错误的"，"必须善于吸收人类的全部知识，使你们学到的共产主义不是生吞活剥的东西，而是经过你们深思熟虑的东西，是从现代教育观点上看来必然的结论"。④ 现代修正主义者认为列宁教导青年掌握知识仅仅是因为"不识字的人不

---

① 《马克思主义经典作家论教育》，1958年版，第24页。
② 斯大林：《与英国作家威尔斯的谈话》，1953年版，第19页。
③ Основы Коммунистического Воспитания，1960年版，第二章第二节。
④ 《列宁论国民教育》，1959年版，第383、385页。

能实现电气化"①，这显然阉割了列宁的思想。至于"把教学跟生产劳动结合起来"，列宁在这篇演说中强调的也正是，"只有在劳动中同工农打成一片，才能成为真正的共产主义者"。同工农打成一片的实质，按照列宁的思想，归根结底在于"参加全体劳动者反对剥削者的总斗争"②。现代修正主义者表面上好像十分推崇生产劳动，骨子里却抹煞了同工农打成一片、参加全体劳动者反对剥削者的总斗争这一阶级内容；说穿了，就是用生产劳动来顶替阶级斗争。他们口口声声推崇生产劳动，其目的是给自己披上马克思列宁主义的外衣，以愚弄世界人民。马克思列宁主义思想政治教育在培养无产阶级革命战士中的重要作用，绝不是科学知识，也不是生产劳动所可以代替的。

有时候，现代修正主义者也说："在社会主义条件下，用共产主义道德精神教育新一代，在列宁的教育学说中占有特殊地位。"但是他们接着便把列宁所说的共产主义道德教育片面地解释为，"必须培养青年在劳动中的主动性和积极性，对自己担任的工作采取生气蓬勃的创造性的态度，有完成任务的责任感"③。他们完全抹煞了列宁所特别强调的阶级斗争精神。列宁在谈到这个问题时曾经首先指出，在无产阶级专政的国家里，"阶级斗争还在继续，只是改变了形式。这是无产阶级为了使旧的剥削者不再复辟，使散漫落后的农民群众联合起来而进行的阶级斗争。阶级斗争在继续，我们的任务就是要使一切利益都服从这个斗争。所以我们也要使我们的共产主义道德服从这个任务。我们说：道德是为破坏剥削者的旧社会、把全体劳动者团结到创立共产主义者新社会的无产阶级周围服务的。共产主义道德就是为了把劳动者团结起来反对

---

① Основы Коммунистического Воспитания，1960 年版，第二章第二节。
②《列宁论国民教育》，1959 年版，第 394、392 页。
③ Основы Коммунистического Воспитания，1960 年版，第二章第二节。

在教育战线上高举教育为无产阶级政治服务的旗帜

一切剥削和一切小私有制服务的道德"①。由此可见,列宁所说的共产主义道德教育,是以无产阶级的阶级斗争精神为基础的。现代修正主义者抛弃这个基础,是反列宁主义的。

现代修正主义者为了用"超阶级"的道德教育来代替无产阶级的道德教育,还胡说什么"马克思列宁主义承认道德的历史性和阶级性,同时也不否认存在着具有普遍意义的道德规则"。他们列举"认为天灾时帮助受害者是一种道德义务","谴责对子女未尽自己的责任的父母","谴责忘记自己对父母义务的子女"等等,都是超历史、超阶级的道德规则。他们完全不顾资产阶级同这些道德规则根本沾不上边的客观事实,用人道主义来美化资产阶级,并竭力模糊无产阶级的阶级观点。他们还居然宣称:"正如列宁所指出的,这些基本的准则是千百年来人们早就知道了的,是在一切关于公共生活的格言上反复谈到的准则。"② 可是,只要我们看一看列宁的原著,那就立刻可以发现列宁根本没有谈到他们所列举的那些"基本准则"。特别不能容忍的是,他们援引列宁的话时粗暴地斩头去尾,既删去了列宁提醒在先的"只有在共产主义社会中,……阶级已经不存在的时候",人们才会逐渐习惯于遵守这些公共生活规则这句话,又粗暴地删去了列宁随后反复强调的"如果没有剥削,如果没有某种……令人气愤的现象,那末人们是多么容易习惯于遵守他们所必需的公共生活规则"。③ 现代修正主义者把列宁说成同他们自己一样具有"超阶级"的道德观点,这完全是污蔑。让我们仍然用列宁的话来回答现代修正主义者的捏造吧。列宁说:"我们摒弃从超人类和超阶级的概念中引来的这一切道德。我们说这是欺骗,这是为了地主和资本家的利益来愚弄工农,禁锢工农的头脑。我们说,我

---

① 《列宁论国民教育》,1959年版,第389—390页。
② Основы Коммунистического Воспитания,1960年版,第九章第一节。
③ 《列宁全集》第25卷,第448—449页。

们的道德完全服从无产阶级阶级斗争的利益。我们的道德是从无产阶级阶级斗争的利益中引申出来的。"①

我们必须牢记,"在无产阶级革命和无产阶级专政的整个历史时期,在由资本主义过渡到共产主义的整个历史时期(这个时期需要几十年,甚至更多的时间),存在着无产阶级和资产阶级之间的阶级斗争,存在着社会主义和资本主义这两条道路的斗争"②。离开了无产阶级的阶级和阶级斗争的教育,就决不可能是为无产阶级政治服务的、马克思列宁主义的思想政治教育。

第三,为无产阶级政治服务的教育,必然要同生产劳动相结合。

工农群众是无产阶级革命事业的主力军。但是由于他们在旧社会里处于被剥削和被压迫的地位,因而很少有可能受到教育。马克思、恩格斯说:"支配着物质生产资料的阶级,同时也支配着精神生产的资料。"③旧社会的教育是为地主资产阶级所垄断的。从小学起,特别是从中学到大学,劳动人民很少有份。在旧社会里,教育是"财产的标志"④,工农群众一般都缺乏文化科学知识。无产阶级掌握政权以后,为了推进革命事业,必须改变旧社会遗留下来的不合理状况,把教育与生产劳动结合起来,使劳动者受教育,使工农群众知识化。这是无产阶级文化革命的一个重要方面。

工农群众知识化,不仅意味着使工农获得文化知识。列宁在谈到教群众识字时说:"这是一个条件,没有这个条件就谈不到政治。……不识字只能有流言蜚语、传闻偏见,而没有政治。"⑤ 可见把使工农群众获得文化知识,同提高工农群众的政治觉悟分割开来是不对的。毛泽东

---

① 《列宁论国民教育》,1959 年版,第 388 页。
② 《中国共产党八届十中全会公报》。
③ 《马克思恩格斯全集》第 3 卷,1960 年版,第 52 页。
④ 《马克思恩格斯论教育》,1958 年版,第 185 页。
⑤ 《列宁论国民教育》,1959 年版,第 454 页。

同志在我国第二次国内革命战争时期谈到苏区文化革命的任务时,把"用共产主义武装工农群众的头脑,提高群众的文化水平"一道提出,以"增加革命战争中动员民众的力量"。又说:"用文化教育工作提高群众的政治和文化水平,这对于发展国民经济同样有极大的重要性。"①可见工农群众知识化包含着全面提高工农群众政治觉悟和文化水平的思想。

教育与生产劳动结合,除了促进工农群众知识化以外,还包括促进知识分子劳动化这个重要方面。

无产阶级为了争取革命事业的彻底胜利,必然要利用科学、技术和文学艺术,必然需要知识分子(包括旧知识分子)为它服务。列宁说过:"做工的无产者和种地的农民,无论在沙皇尼古拉的统治下,或者在共和国总统威尔逊的统治下,都没有可能上大学。"②所以十月革命胜利后不久,他便强调不可以抛弃资产阶级知识分子,"假如我们真的抛弃了他们,那我们害了自己"。但是旧知识分子一般都浸染着资产阶级思想,这是因为"他们是在资产阶级环境中获得自己的全部文化的"③。所以他又强调,我们应当"改造他们,重新陶养和重新教育他们"④。他说:"必须使资产阶级专家同觉悟的共产党员所领导的普通工人群众手携手地同志般地从事共同劳动,从而促使被资本主义分开的体力劳动者和脑力劳动者互相了解和接近。"⑤由此可见,列宁十分重视改造旧知识分子,使他们同体力劳动者接近。

毛泽东同志也一向十分重视团结、教育和改造我国的知识分子。在民主革命时期,他就指出:"中国是一个被民族压迫和封建压迫所造成

---

① 《毛泽东同志论教育工作》,1958年版,第15—16页。
② 《列宁论国民教育》,1959年版,第311页。
③ 《列宁论国民教育》,1959年版,第314页。
④ 《列宁文选》(两卷集)第2卷,第776页。
⑤ 《列宁全集》第29卷,第111页。

的文化落后的国家，中国的人民解放斗争迫切地需要知识分子，因而知识分子问题就特别显得重要。"① 他十分重视"殖民地、半殖民地国家的知识分子和资本主义国家的知识分子的区别"②。他说：中国的知识分子"除去一部分接近帝国主义和大资产阶级并为其服务而反对民众的知识分子外，一般的是受帝国主义、封建主义的压迫，遭受着失业和失学的威胁。因此他们有很大的革命性"。但是，他同时指出："知识分子在其未和群众的革命斗争打成一片，在其未下决心为群众利益服务并与群众相结合的时候，往往带有主观主义和个人主义的倾向，他们的思想往往是空虚的，他们的行动往往是动摇的。"③ 他强调"团结和教育现有一切有用的知识分子"④，"使他们革命化和群众化"，他号召"使工农干部的知识分子化和知识分子的工农群众化，同时实现起来"。⑤ 全国解放以后，党中央继续认定，"团结知识分子是必要的，也是完全可能的"⑥。1957年，毛泽东同志在指出"我国艰巨的社会主义建设事业，需要尽可能多的知识分子为它服务"的同时，也指出："为了充分适应新社会的需要，为了同工人农民团结一致，知识分子必须继续改造自己，逐步地抛弃资产阶级世界观而树立无产阶级的共产主义世界观。"⑦

我们的教育要为无产阶级的政治服务，必须同生产劳动相结合，使劳动者受教育，使受教育者参加生产劳动，使工农群众知识化，使知识分子劳动化，使全国人民都成为有社会主义觉悟有文化的劳动者，以实

---

① 《毛泽东选集》第3卷，1953年第1版，第1106页。
② 《毛泽东选集》第2卷，1952年第1版，第587页。
③ 《毛泽东选集》第2卷，1952年第1版，第612页。
④ 《毛泽东选集》第3卷，1953年第1版，第1106页。
⑤ 《毛泽东选集》第2卷，1952年第1版，第588、589页。
⑥ 周恩来：《关于知识分子问题的报告》，1956年版，第8—9页。
⑦ 毛泽东：《关于正确处理人民内部矛盾的问题》。

现无产阶级的文化革命。"没有教育与生产劳动结合,文化革命不能实现"①。

但是,我们所说的教育与生产劳动结合,同现代修正主义者所喧嚷的"教育与生产劳动结合",有原则性的区别。因为,现代修正主义者对于文化革命的理解,对于消灭脑力劳动和体力劳动的差别的理解,都是片面的,错误的;因而现代修正主义者所说的"教育与生产劳动结合",同样排斥了知识分子劳动化这个重要的方面;同时,现代修正主义者所说的教育和劳动,又都是脱离无产阶级政治的。赫鲁晓夫教导苏联青年说:"孩子们,有知识和爱劳动,这是在你们一生的任何时刻都不会使你们吃亏的两个可靠的朋友。"② 这里面难道还有什么无产阶级的革命气息吗?

三、保证教育为无产阶级政治服务的必要条件

历史事实证明,使教育为无产阶级的政治服务,不是一件轻而易举的事情。即使在社会主义国家里,教育也会不能适应无产阶级政治的要求,甚至有可能由为无产阶级政治服务的教育蜕化为修正主义的教育,为复辟资本主义服务。那么,究竟怎样才能保证教育为无产阶级政治服务呢?究竟怎样才能保证为无产阶级政治服务的教育不至于蜕化变质呢?依据无产阶级革命领袖的教育思想和无产阶级革命教育事业的实践,为了保证教育为无产阶级政治服务必然要具有这样几个条件:

第一,国家政权掌握在无产阶级手里。

在资本主义制度下,教育主要是为资产阶级政治服务的。当然,无产阶级也要争取办自己的教育,提高工人群众的阶级觉悟,为无产阶级

---

① 陆定一:《教育必须与生产劳动相结合》。
② Советская Педагогика,1962年12月号,第9页。

革命作准备。恩格斯说:"学校至少在某种程度上可能有助于使人民知道,他们应该主张的是什么。在人民中间推广的一切真正的初步的教育,对于这一点或多或少是有促进作用的。"① 但是,这种教育必然要受到资产阶级的摧残和破坏。恩格斯谈到英国宪章主义者和社会主义者在取得独立的无产阶级教育方面有过某些成就时,便曾指出资产阶级如何处心积虑使这样的教育变质,消除无产阶级对它的影响,把它"变成在工人中间传播对资产阶级有利的科学知识","使工人脱离反对资产阶级的斗争,或许还能促使他们中的某一个人去从事增加资产阶级收入的发明"。② 只有无产阶级掌握了政权,才有可能扫除教育为无产阶级政治服务的障碍。1871年的巴黎公社,曾经在教育方面按照为无产阶级政治服务的要求采取过一些措施,可是巴黎公社仅仅存在了七十二天。1917年十月革命以后,才首先在列宁斯大林领导下的苏联,然后在我国(首先是民主革命根据地,1949年以后又在全国范围内)及其他社会主义国家,开辟了教育为无产阶级政治服务的道路。

但是,在社会主义国家里,仍然存在着无产阶级同资产阶级之间的阶级斗争。一旦无产阶级的国家政权发生蜕化变质现象,教育也必然会蜕化变质。教育总是要反映政治的。只有无产阶级牢牢地掌握着政权,才有可能确保教育为无产阶级的政治服务。

第二,不断进行教育事业的改革。

教育对政治又是有伟大的影响和作用的。为无产阶级政治服务的教育,是无产阶级政权的有力支柱。而为资产阶级政治服务的教育,则是资产阶级政权的有力支柱。即使在资产阶级政权被推翻以后,如果资产阶级教育仍然存在,它就仍然是复辟资本主义的温床。从这个意义上说

---

① 《马克思恩格斯论教育》,1958年版,第334页。译文据俄文版第292页略有更动。

② 《马克思恩格斯论教育》,1958年版,第108页。

来，彻底改造旧日教育，使教育成为无产阶级手中的工具，是防止出现修正主义、杜绝资本主义复辟的一个必要措施。所以无产阶级取得政权后，必须根本改造旧教育。列宁说："在改造旧资本主义社会的时候，那些将来要建立共产主义社会的新一代人的学习、训练和教育，就决不能再像从前那样了。……只有把教育、组织和训练青年的事业加以根本改造，我们才能使这一代青年努力的结果是建立一个与旧社会完全不同的社会，即共产主义社会。"[①]

我国旧教育的制度、内容和方法，是适应帝国主义和国内少数统治阶级的需要而建立起来的。这样的教育，决不是只要把它简单地接收过来，原封不动，就可以为无产阶级政治服务的。所以，在民主革命时期，毛泽东同志就提出，要"根本改革过去的教育方针和教育制度"[②]。中华人民共和国成立以后，毛泽东同志又指出，要"有步骤地谨慎地进行旧有学校教育事业和旧有社会文化事业的改革工作"[③]。从1949年到1957年，我们从帝国主义者手中收回了教育主权，取消了国民党反动派对学校的法西斯管理制度，基本上肃清了隐藏在教育界的反革命分子和其他坏分子，在学校中开设了马克思列宁主义的课程，在教师和学生中进行了思想改造，进行了院系调整和初步的教学改革，进行了反对资产阶级右派的斗争。1958年，我们进行了以教育与生产劳动结合为中心的教育大革命，打破了几千年来教育与生产劳动分离的旧传统，破除了教育事业发展方面"只许国家办学""只许办一种学校""只许专家办学"的错误路线。经过了这一系列的改革，我国的教育才真正成为无产阶级改造旧社会、建设新社会的工具。陆定一同志说："从剥削阶级手

[①]《列宁论国民教育》，1959年版，第380—381页。
[②]《毛泽东同志论教育工作》，1958年版，第34页。
[③] 毛泽东：《在中国共产党七届三中全会上的报告》，1950年6月6日。

中的工具到工人阶级手中的工具,是教育的质的飞跃,是教育本身的大革命。"①

但是,教育革命是无穷无尽的。经过质的飞跃——教育大革命以后,教育同无产阶级的政治和社会主义的经济基础,除了有相适应的一面以外,还会有相矛盾的一面;仍然需要继续克服资产阶级教育思想的影响,并且要适应政治经济形势的发展,不断调整教育事业。1960年以来,我们进行反对"少慢差费"的教学改革,并且按照发展国民经济的总方针,在教育事业中进行调整、巩固、充实、提高工作,就是经过质的飞跃以后继续进行的改革。

回顾我国教育改革的道路,有两个基本特点:其一是,随着社会政治运动的发展,在教育领域中也进行相应的改革。一方面,社会政治运动推动了教育改革;另一方面,教育改革又能为社会政治运动服务。其二是,教育本身的改革逐步深入,首先是在教育工作的思想政治方向方面进行改革,接着是把教育和生产劳动合起来,然后发展到教学改革。这样,随着社会政治形势的发展,教育本身的改革也愈来愈深入,这是一个不断革命的过程。在解决了一些矛盾以后,"又会出现新的问题,新的矛盾,又需要人们去解决"。"矛盾不断出现,又不断解决,就是事物发展的辩证规律"。② 否认矛盾的不断出现,不去不断地解决矛盾,是不能保证教育很好地为无产阶级政治服务的。

第三,同资产阶级教育思想进行针锋相对的斗争。

在由资本主义过渡到共产主义的整个历史时期中,无产阶级要按照自己的世界观改造教育事业,资产阶级也要按照自己的世界观改造教育事业。在社会主义国家,资产阶级不敢直接地公开地提出要教育成为反

---

① 陆定一:《教育必须与生产劳动相结合》。
② 毛泽东:《关于正确处理人民内部矛盾的问题》。

对无产阶级专政的工具,但是它却用"为教育而教育"的虚伪的骗人的主张,来反对教育为无产阶级政治服务。资产阶级反对以马克思列宁主义的思想教育学生,并以只专不红的思想影响年青一代。资产阶级右派力图迷惑青年学生,利用他们做复辟的资本主义的踏脚石。资产阶级认定学生唯一的任务就是读书,反对学生参加生产劳动。他们企图永远保持脑力劳动与体力劳动的差别和资产阶级知识分子的特殊地位,根本反对知识分子劳动化,反对把学生培养为劳动者。

资产阶级也反对在教学工作中进行必要的改革。只要任何改革中有一丁点儿缺点,他们就要把它夸大起来,根本否定改革的必要性,企图使今天的教育走回到旧教育的老路上去。所以,要进行教育改革,就不能不批判资产阶级的教育思想,清除它对教育工作者的影响。现代修正主义者在教育方面的主张,实质上也是一种资产阶级教育思潮。但是由于它披着马克思列宁主义的外衣,特别具有欺骗作用。我们必须彻底剥去它的画皮,同它进行坚决的斗争。

现在,资产阶级和现代修正主义者正在竭力散布他们的教育理论,企图通过控制教育工作者的教育思想来控制教育事业,使它为资产阶级的和现代修正主义的政治服务。我们要使教育为无产阶级的政治服务,决不能忽视教育理论战线上的斗争。我们必须创立为无产阶级政治服务的教育学。列宁说:"新教育学的任务是要把教师的活动同建立社会主义社会的任务联系起来。"① 为了创立这样的教育学,我们必须以马克思列宁主义、毛泽东思想为指导,总结无产阶级革命教育事业的实践经验,批判地继承古代教育遗产和借鉴外国教育经验。在社会主义国家里,资产阶级知识分子和现代修正主义者常常把资产阶级的教育理论照抄过来,改头换面,冒充社会主义的货色。现代修正主义者并特别热衷

---

① 《列宁论国民教育》,1959年版,第280页。

于断章取义地援引无产阶级革命导师的言论,甚至加以篡改,以阉割马克思列宁主义革命灵魂。创立为无产阶级政治服务的新教育学,必须同资产阶级知识分子和现代修正主义者这种罪恶手法,实行彻底的决裂。

第四,教育工作由无产阶级革命党领导。

为了在教育领域中战胜资产阶级,教育工作必须由无产阶级的革命党来领导。这是保证教育为无产阶级政治服务的最根本的条件。所以,无产阶级同资产阶级在教育领域中的斗争表现在很多方面,而长期以来斗争的焦点却集中在党的领导权这个根本问题上。

教育工作必须由无产阶级的革命党来领导,这是由无产阶级教育的性质决定的。为无产阶级政治服务的教育,是无产阶级整个革命事业的一部分。"这样的教育,只有无产阶级的政党——共产党才能领导。资产阶级是没有资格来领导这样的教育事业的。"① 在社会主义国家里,资产阶级不敢直接地公开地提出要教育受资产阶级的政治家领导,但是它却用"教育由专家领导"的虚伪的骗人的主张,来反对共产党对教育工作的领导。我们必须认清,在存在着阶级斗争的条件下,教育总是有阶级性的。资产阶级的教育专家,只能是使教育为资产阶级专政服务的专家,决不能让他们窃取教育工作的领导权。同时,我们还应该认清,党对教育工作领导,体现着政治领导教育的根本原则;即使是无产阶级的教育专家,也必须在党委的集体领导下工作。如果用"教育由无产阶级专家领导"来代替"教育由党来领导",那就是用资产阶级的单纯业务观点来代替政治领导教育的无产阶级观点。陆定一同志说:"我们党内从事教育工作的同志中,有些人对党委以专家自居,不尊重党委的领导,这是资产阶级的影响在党内的表现。"② 我们应当牢记列宁的教导:无产阶级文化教育的一切组织必须无条件地在"共产党的领导

---

① 陆定一:《教育必须与生产劳动相结合》。
② 陆定一:《教育必须与生产劳动相结合》。

下，把自己的任务当作无产阶级专政任务的一部分来完成"。①

教育工作必须由无产阶级的革命党来领导，也是由党的性质决定的。党是无产阶级的先锋队，它最懂得马克思列宁主义，也最了解本国的具体情况。无产阶级的一切革命事业要取得胜利，都不能离开党的领导，教育事业也不例外。但是，如果不是无产阶级的革命党而是资产阶级的改良党，如果不是马克思列宁主义的党而是修正主义的党，如果不是无产阶级先锋队的党而是资产阶级尾巴的党，"这样的党，就绝不可能领导无产阶级和广大人民群众进行革命斗争，绝不可能取得革命的胜利"②。修正主义的党，是无产阶级政治的敌人，当然谈不上使教育为无产阶级的政治服务。

第五，加强教育工作者的思想改造。

党对教育工作的领导，并不是代替教育工作者本身的工作，而是领导教育工作者做好工作。列宁说："重要的是要善于领导教师群众。"③他在谈到"在任何学校里，最重要的是课程的思想政治方向"时指出："这个方向由什么来决定呢？完全只能由教学人员来决定。……任何监督、任何教学大纲等等，绝对不能改变由教学人员所决定的课程的方向。"④ 列宁十分重视教育工作者的思想改造。他指出：旧社会留下来的"教育工作者和教员过去受的教育都是资产阶级的偏见和习惯"⑤。他号召教师"应该使生活和知识摆脱对资本的从属，摆脱资产阶级的束缚。教师不能把自己限制在狭隘的教学活动的圈子里。教师应该和一切战斗着的劳动群众打成一片"⑥。

---

① 《列宁论国民教育》，1959年版，第398页。
② 《关于国际共产主义运动总路线建议》，第44页。
③ 《列宁论国民教育》，1959年版，第405页。
④ 《列宁论国民教育》，1959年版，第109—110页。
⑤ 《列宁论国民教育》，1959年版，第403页。
⑥ 《列宁论国民教育》，1959年版，第280页。

中国共产党对于教育工作的领导，向来也十分重视教育工作者的自我改造，并且取得了很大成绩，以无产阶级知识分子为骨干的教育工作队伍已经开始形成。今后我们仍然"应该继续努力，逐步地学好马克思列宁主义，使自己具备正确的政治观点，加强自己的劳动观点，逐步地同工农打成一片"。这样，才"能够在阶级斗争的风浪中站稳立场，明辨是非，引导学生朝着正确的方向前进"[1]。如果轻视教育工作者的思想改造，忘记了"教育者本身是必须受教育的"[2]，使教育工作实际上仍然掌握在资产阶级知识分子手里，是决不能保证教育为无产阶级政治服务的。

（原载于《江苏师院学报》1962年第9期，第1—14页）

---

[1] 周恩来：《政府工作报告》，1957年6月26日。
[2]《马克思恩格斯论教育》，1958年版，第116页。

评凯洛夫主编的《教育学》

凯洛夫主编的1948年版《教育学》(以下简称48年本)①，十分强调"为了顺利地研究教育学这门科学，应当在这个工作中正确地和积极地实行共产党的路线"；认为那样"实行马克思列宁主义党的路线的教育学是真正科学的教育学，它正确地反映着客观存在的教育现象的规律性，并使教育工作与社会发展中的进步趋势互相适应"（第29页）。这里面包含着一种把党的路线和客观规律混同起来的观点，这在理论上是并不正确的。客观规律是不以人们意志为转移的一种存在，而党的路线毕竟是一种思想，这种思想正确与否，看它能否反映客观规律，最后还要通过实践来检验。不过，教育学不但要研究教育现象的规律性，而且要在此基础上研究如何进行教育工作。而在实际生活中，正如48年本

---

① 凯洛夫主编的《教育学》是中华人民共和国成立后引入的第一本社会主义性质的教育学教材。俄文第一版出版于1948年，由俄罗斯苏维埃联邦社会主义共和国教育部国立教育书籍出版局出版。中文版由沈颖、南致善、贝璋衡等译，1950年由新华书店发行。1951年，人民教育出版社出版沈颖、南致善、贝璋衡等译的凯洛夫《教育学》(上、下) 初版，之后于1952年、1953年分别出版了修订版和第3版。赫鲁晓夫上台执政后，凯洛夫对原有内容进行了修改调整以适应形势变化，1956年出版了俄文新版《教育学》。1957年，陈侠、朱智贤等翻译的凯洛夫1956年版《教育学》由人民教育出版社出版。——编者注。

所说，"共产党和苏维埃国家的政策，构成……学校的生活基础"（第29页）；如何进行教育工作，一般是不能同党的政策抵触的。因此教育学阐述教育问题就不可能不考虑党的政策，不可能不受到党的政治路线和教育路线的影响。这在党的路线是正确的或基本正确的情况下固然是如此，即使在党的路线未必正确的情况下，事实上亦复如此。

48年本在阐述从苏维埃政权建立到苏联所有制的社会主义改造基本完成这一时期的教育问题时，是比较注意贯彻1919年由列宁起草的俄共（布）党纲中规定的教育路线的。

1919年俄共（布）党纲指出："在国民教育方面，俄共给自己提出的任务是：把1917年十月革命时开始的事业进行到底，把学校由资产阶级的阶级统治工具变为摧毁这种统治和完全消灭社会阶级划分的工具。"[1] 48年本不但在阐明"苏维埃国家中教育的性质"时吸收了这些词句，更重要的是它还列举了各个社会历史时代的教育史实，证明了：在阶级社会里，教育是有阶级性的，教育领域中存在着阶级斗争，教育总是和政治相联系着的；无产阶级社会主义革命必然要消灭阻碍社会向前发展的资产阶级教育，无产阶级专政的国家要使教育成为反对剥削者的斗争武器，成为建设共产主义新社会的武器。这就从教育理论上给上述党纲条文提供了论证。48年本在我国的影响，首先就是它的这些论点，帮助我们在建国初期从教育理论的角度，去认识改革半殖民地半封建的旧教育、建设社会主义新教育的必要性，批判"教育超阶级、超政治""教育清高""教育救国"等论调的错误，揭穿杜威所标榜的"教育应当脱离阶级斗争，为全社会服务"的虚伪性和反动性。那时候很多人推崇48年本是马列主义的教育学，就是从这儿开始的。后来很多人对于全盘否定48年本始终不服，也与此有关。

---

[1] 曹孚编：《外国教育史》，人民教育出版社1979年版，第412页。

48年本还把1919年俄共（布）党纲的下列规定写进了教材："在无产阶级专政时期，即在使共产主义的完全实现成为可能而准备条件的时期，学校不仅在根本上应当传播共产主义的原则，而且应当在思想上、组织上、教育上把无产阶级的影响传播到半无产和非无产阶层的劳动群众中去。其目的在于培养能够建成共产主义的一代人。"（第11页。译文略有更动。）这就指明了社会主义时期教育的无产阶级性质，教育必须为实现无产阶级专政的历史使命服务，教育的目的应该是培养能够为共产主义事业奋斗的人；而传播共产主义原则、传播无产阶级的影响，则是学校的根本任务。这对于我们认识社会主义教育同无产阶级政治的关系，认识社会主义的教育目的，明确思想政治教育在学校工作中的重要地位，都是有益的。

苏联生产资料所有制的社会主义改造基本完成以后，联共（布）于1936年宣告：阶级冲突已经消失，工人阶级、农民阶级、知识界之间是友爱合作的，这些社会集团之间的矛盾和界线正在缩小和消亡。与此相适应，48年本也说，"在苏维埃国家里，没有阶级的对立或各人民集团间的对立"（第227页），没有阶级社会的经济矛盾、政治矛盾，也没有什么新的矛盾，只有"国家和人民的统一意志"（第21页）。这种估计，同苏联社会还存在着敌我矛盾和人民内部矛盾的实际情况，并不符合。但48年本对教育工作中一些根本问题的阐述，却是以这一估计为前提的。

48年本讲"共产主义教育的目的"，也不是从无产阶级专政在现阶段的实际任务出发，去论证1919年党纲要学校培养的"能够最后建成共产主义的一代人"究竟是什么样的人，而是从马克思主义关于个性全面发展的思想中引申出一个教育目的来的。

马克思主义所说的个性全面发展，是什么意思呢？那就是要全面发展人们"自己全部的即体力的和脑力的能力"①。全面发展的人,就是"各方面都有能力的人,即通晓整个生产系统的人",是能够"根据社会的需要或他们自己的爱好,轮流从一个生产部门转到另一个生产部门"②的人,是能够"把不同的社会职能当作互相交替的活动方式"的人(《马恩全集》第23卷,第535页),是"会做一切工作的人"。③马克思、恩格斯指出,现代工业,特别是由整个社会共同经营的现代生产,要求全面地发展运用生产工具的人的能力;但要使所有人的能力都得到全面发展,则要"通过消除旧的分工,进行生产教育,变换工种,共同享受大家创造出来的福利,以及城乡的融合"才能实现。④

48年本的作者当然了解,马克思主义讲个性全面发展,是从现代生产的需要这个角度,来讨论人的能力(包括脑力劳动和体力劳动的能力)方面的问题的,并不是说的教育的全部目的问题。所以他在用了许多篇幅,引用和解释了从马克思、恩格斯到列宁、斯大林关于全面发展的论述之后,只是归结为要"使全体工人和全体农民成为有文化的有学识的人们"(第41页)。可是仅仅把发展人的能力这一点来作为共产主义教育的全部目的,显然是不妥当的。所以他又不得不撇开马克思主义关于个性全面发展的学说,另外写上一段《共产主义教育的思想、政治方向》,然后把思想政治方面的要求加进全面发展的概念中去,给全面发展作了一个与马克思主义所说的全面发展不同的新解释。因此很明显,从马克思主义关于个性全面发展的思想中引申出教育目的来,势必把发展人的能力或使受教育者有文化、有学识提到首位,忽视了把"传播共产主义原则""传播无产阶级的影响"作为学校根本任务的提法,

---

①《马克思恩格斯选集》第3卷,人民出版社1977年版,第333页。
②《马克思恩格斯选集》第1卷,人民出版社1977年版,第222—223页。
③《列宁选集》第4卷,人民出版社1972年版,第205页。
④《马克思恩格斯选集》第1卷,人民出版社1977年版,第222—224页。

但却能使人感到：这也是马克思主义的观点。

48年本在讲《共产主义教育的构成部分》时，还引证马克思说过：教育就是这样三件事，"第一，智育；第二，体育；……第三，技术教育"，从而得出结论，说马克思认为"智育，即教养，应占第一位"（第44页）。但48年本在引用马克思这段话时，并没有讲明马克思在这里说的是无产阶级在资本主义条件下应当为童工争取的教育，这并不就是社会主义教育的全部内容；也没有讲明马克思那时候从教育权还掌握在资产阶级手里这一事实出发，曾经主张："只有像自然科学、语法等等这样的课目才可以在学校里讲授。""至于政治经济学、宗教以及其他类似的课目，无论在小学还是中学，都不应该开设"。① 所以，马克思在这里说的"智育"是不完全的，并不包括政治经济学这类有阶级性的课程在内；马克思在这里说的"教育"，也是不完全的，并不包括思想、政治、道德教育在内。他认为"年轻人应当在日常生活斗争中从成年人那里获得这种教育"②。可见，马克思在这里没有提到德育，绝不是因为德育比智育次要，也不是因为智育可以包括德育。不过这样一讲明，就无法用马克思这段话来证明马克思曾认为，智育在"共产主义教育的构成部分"中"应占第一位"了。

48年本从马克思说"第一，智育"中便得出"智育应占第一位"的结论来，这种论证方法是不能成立的。如果按照这种方法去进行逻辑推理，那岂不还应该得出马克思认为"体育应占第二位""技术教育应占第三位"这样的结论来吗？但用同样的方法套到48年本自己排的次序上去，却又应该得出"体育应占第四位""综合技术教育应占第二位"那样的结论来了。那48年本岂不同它所说的"马克思认为"发生冲突了吗？实际上，48年本所关心的只是给"智育应占第一位"在马克思

---

① 《马克思恩格斯全集》第16卷，人民出版社1964年版，第656页。
② 《马克思恩格斯全集》第16卷，人民出版社1964年版，第655页。

那里找到根据，其他事情就顾不上了。

"智育第一"同"学校以教学为主"，是两个不同的概念。"学校以教学为主"，说的是学校在借以进行教育的教学、生产劳动、课外活动、班级团队活动、社会活动等各种途径中，应当把教学作为进行教育的基本途径。这是一个反对"学校以生产劳动为主""学校以社会活动为主"等错误做法的正确命题。"智育第一"，说的是学校在使学生在德育、智育、体育等几方面都得到发展的工作中，要把达到智育的目标看成最重要的；或者，照凯洛夫主编的1956年版《教育学》的说法，是要把传授知识看作"学校的首要任务"（第23页）。"智育第一"，是反对"学校要把坚定正确的政治方向放在第一位"这一正确提法的错误口号。

48年本讲德育时根本不谈要用无产阶级的阶级观点教育学生，这同提出"智育应占第一位"的口号一样，都与联共（布）否认社会主义社会还存在着阶级矛盾有关。

可是，联共（布）虽然在理论上否认苏联社会还存在着阶级矛盾，但在实际工作中还是坚持社会主义道路，坚持反对资本主义的。第二次世界大战后，在苏联同战时的同盟国美英法等资本主义国家交往增多的情况下，联共（布）对思想战线上的阶级斗争十分重视。从1946年到1948年，专门为文学刊物、电影、戏剧作了好些决议。这同以后的苏共领导抹杀社会主义社会两个阶级、两条道路的斗争，根本否定无产阶级专政，还是有区别的。与此相适应，48年本同凯洛夫主编的1956年版《教育学》（以下简称56年本），在政治观点上，也有许多不同。

在论述"苏维埃国家中教育的性质"时，48年本着重讲了在无产阶级专政下教育事业的成就。56年本则把这些成就同无产阶级专政分离开来，甚至在引用1919年俄共（布）党纲时，也改变了48年本照引原文的办法，特意把"在无产阶级专政时期"这个状语削去。

在论述"共产主义教育的目的"时，48年本有一段专讲"共产主义教育的思想政治方向"问题，强调要教育人们能及时发现和支持社会主义的新事物，能识别一切倒退的阻碍社会主义建设的事物（第41—43页）。56年本则完全删去了"共产主义教育的思想政治方向"这一段。

在论述智育问题时，48年本首先指出，为了反对资本主义制度，为了革命地改造世界，应当用知识来武装青年（第44页）。56年本则只讲"共产主义建设"要求人们具有知识（第21页）。

在论述德育问题时，48年本指出，要培养忠实于社会主义事业的人（第49页），要和人们意识中的资本主义余毒作斗争（第224页），要批判资产阶级的意识形态（第222页）。48年本还多次引证联共（布）中央关于《星》与《列宁格勒》两杂志的决议，强调要教育青年为巩固社会主义制度而努力，并反对美化资本主义国家。56年本则完全抹杀意识形态领域中两个阶级、两条道路的斗争，只讲要克服"周围环境的不良影响"造成的"学生行为中的不良特性"（第226页）。

可见，说48年本在政治上与56年本没有多大差别，是不符合事实的，说48年本完全脱离了无产阶级政治，完全忽视了意识形态领域中两个阶级、两条道路的斗争，也是不符合事实的。48年本的缺点在于，它从苏联社会已经没有阶级矛盾的估计出发，没有从理论上讲清社会主义教育的无产阶级性质，讲清教育同无产阶级政治的关系。

48年本的教学论部分，依据联共（布）中央1931年9月《关于小学与中学的决定》和1932年8月《关于中小学教学大纲与学校制度的决定》，批判了二十年代曾在苏联某些地方风行一时的"分组实验法"和"设计教学法""学校消亡论"，提出"教学是实现教育任务的基本途径"（第15页），"上课是教学工作的基本组织形式"（第128页），"教师在教学过程中应当起主导作用"（第82页）。这是正确的。在我国教育界也产生过积极的作用，有益于纠正师生社会活动过多、学校任意停课的现象，有益于加强教师的责任感，有益于我们吸取苏联的经验教训，避免走"分组实验法"和"设计教学法"那样的弯路。

48年本提出的一些教学原则，反映着教学工作的客观规律，是符合联共（布）中央提高学生科学基础知识水平的要求的。我国很多教师读了以后，觉得教学工作很有讲究，备课认真了，注意教学的科学性、系统性、思想性、巩固性，深入钻研教材，了解学生，管教又管导，备课又"备人"；市、县、区、校的教研活动，包括公开教学、分析评议等等，也逐步开展起来了；形成了前所未有的研究教学艺术的风气。

可是，48年本并没有像有些同志所认为的那样，全面地体现了三十年代初联共（布）中央两个决定的基本精神。

联共（布）中央1931年的决定，贯穿着同二十年代苏联教育战线上"左"、右倾机会主义作斗争的精神，它首先肯定了十月革命后实行教育与生产劳动、社会工作相结合，实施综合技术教育，以改造旧学校方面的成绩，然后指出当时学校的根本缺点在于学生的科学基础知识水平低。联共（布）中央提出，要把列宁1920年《论综合技术教育》的指示作为中小学工作的基础。在这一指示中，列宁曾经强调"我们决不能放弃原则，我们一定要立刻尽可能地实施综合技术教育"，同时要"避免过早专业化"，使学生"具有广泛的普通知识"，要使学生"成为共产主义者"。[①] 联共（布）中央指出，对党在学校工作方面的政策进行机会主义的反列宁主义的曲解，表现在两个方面：一是拒绝学校的综合技术教育化，使理论教学与实践脱节，这是右倾机会主义的曲解；二是搞"设计教学法""学校消亡论"，以及降低教师的作用，这是"左"

————————
[①]《列宁全集》第36卷，第559—560页。

倾机会主义的曲解。联共（布）中央这一决定的五项内容，没有一项不贯穿着既反对"左"倾机会主义，又反对右倾机会主义精神的：

在《一、学校的基本任务》中，明确指出，要保证学生学得系统的科学基础知识，又要继续推行综合技术教育，实施教学与生产劳动相结合，使学生的社会生产劳动，服从学校教学上与思想教育上的目的，并且强调了要加强思想政治教育，反对以反无产阶级的思想意识影响学生。

在《二、对学校教学方法领导的改进》中，明确指出，要总结学校工作的经验，特别是综合技术教育的经验。

在《三、干部》中，明确指出，要培养教育干部，并特别提出要帮助教师学习工农业生产的基本原理。

在《四、中小学的物质基础》中，明确指出，要审定中小学教学设备和综合技术教育设备的标准，并指出要将企业中的某些车床、工具拨给学校。

在《五、对学校的管理和领导》中，明确指出，要同"左"倾分子的花言巧语或向资产阶级学校开倒车作斗争。

联共（布）中央1932年的决定，是在贯彻1931年决定的基础上，着重进一步克服学生科学基础知识水平低的缺点。但它在修正教学大纲的指示中，仍然指出了要重新制订劳动课的教学大纲，保证教学与生产劳动能真正结合，保证能学习各主要生产部门的理论与实践；它在提出"中小学教学工作的基本组织形式应当是分班上课"的同时，也提出了教师要教学生做实习工场的工作，要在教学上运用学校实习农场，要组织学生到工厂、博物馆、田野、森林去参观等等。

但48年本的立足点完全是放在反对"左"倾机会主义方面的，对于联共（布）中央同时指出的必须反对右倾机会主义，反对理论教学与实践脱节，并没有重视。对于联共（布）中央强调的理论和实践联系，48年本甚至于没有把它作为一个独立的教学原则来阐述。对于教育与生产劳动结合，48年本只是在讲个性全面发展时提了一下。48年本的教学论部分，并没有讲教学与生产劳动结合的问题。48年本的教育论部分，在《劳动教育》这一章中，又强调学习是学生"基本的劳动活动"，"教学是培养学生必要的劳动品质的主要手段"（第304页）；而在生产劳动方面，它又限制学生在实习劳动中只许掌握"最小限度的劳动技能和熟练技巧"（第308页）。所以，把48年本从头读到底，都不能使人了解到，联共（布）中央曾经强调过教育与生产劳动结合，这是马列主义教育理论的一条重要原理。

值得注意的是，48年本阐述列宁的教育思想也往往是片面的。它反复强调列宁所说的"只有用人类创造的全部知识财富来丰富自己的头脑，才能成为共产主义者"，却不提列宁在同一时间、同一场合、对同一问题所说的"只有在劳动中同工农打成一片，才能成为真正的共产主义者"。[①] 48年本还援引过加里宁1940年关于必须学习系统知识的论述（第87页），但是它忘记了加里宁1943年对苏联教育的批评意见："以前我们所培养出的，是知识分子，而不是去作体力劳动的人。我个人认为这种教育是不正确的，因为我国基本民众终究是从事体力劳动的。因而在我们面前发生一个问题：怎样做到使我国青年能在体力劳动中是很精巧的，同时在智力上也是发达的人。"[②] 不反对右倾机会主义，不反对教育与生产劳动分离，不反对理论教学与实践脱节，对提高教学质量也是不利的。列宁早就指出过，脱离生产劳动的教学和教育，与没有同时进行教学和教育的生产劳动一样，"都不能达到现代技术水平和科学知识现状所要求的高度"。[③]

[①]《列宁选集》第4卷，人民出版社1972年版，第358页。
[②] 加里宁：《论共产主义教育》，中国青年出版社1950年版，第153页。
[③]《列宁全集》第2卷，第413页。

苏联教育理论和实践中没有全面贯彻联共（布）中央决定的问题，曾经长期存在。48年本出版以后，在1949年苏俄教育科学院会议上，终于提出了按照联系社会主义建设实际的方针改革学校教学工作的问题。同时，苏联学校也采取一系列措施来推进综合技术教育，如在理、化、生物等学科中加强使学生认识工农业生产的知识，到工农业生产单位参观，广泛开展研究技术和农业的校外、课外活动，组织学生参加工农业生产劳动等等，这才在教育理论和实践上开始解决这一方面的问题。

48年本的中文译本出版于我国建国初期，它的那些正确的观点，曾经对我国教育界起过相当大的积极作用，今天仍然可以吸取，为我所用。但它没有从理论上讲清社会主义教育同无产阶级政治的关系，鼓吹"智育应占第一位"，并且忽视了教育与生产劳动结合的问题，这是带有根本性质的缺陷，对我国教育界也有过不好的影响，这也是必须注意的。

（原载于《江苏师院学报》1979年第3期，第36—41页）

生产力、生产关系
与教育事业的发展

二十世纪六十年代初，人们便从实践中体会到，教育事业的发展，它的规模和发展速度都不能超过生产力所能提供的条件。这种观点，同二十世纪五十年代末出现的教育事业发展中的唯意志论相比，是一大进步。可是，近年来，在借鉴外国教育经验中，又出现一种认为"教育事业的发展直接决定于生产力"的观点，这就未必符合教育事业发展的客观实际了。

恩格斯说过，"人们首先必须吃、喝、住、穿，然后才能从事政治、科学、艺术、宗教等等"。① 毫无疑问，教育事业的发展也要以生产力的发展为前提。但是，在有阶级的社会里，正如马克思、恩格斯所说的那样，"支配着物质生产资料的阶级，同时也支配着精神生产的资料"。② 统治阶级既然掌握着教育权，它的利益和意志，就不仅能影响教育事业的性质，而且能影响教育事业的发展。而由于并非任何统治阶

---

① 《马克思恩格斯选集》第3卷，第574页。
② 《马克思恩格斯选集》第1卷，第52页。

级的利益，在任何时候都同发展生产的要求相一致，所以生产力对发展教育事业提出的要求，和生产力为发展教育事业提供的可能性，只有在同统治阶级的利益一致的条件下，才能够实现；如果同统治阶级的利益不一致，就不能够实现。这就说明，生产力影响教育事业的发展，也必须经过生产关系的中介和折光。生产力只是教育事业发展的前提，直接决定着教育事业发展的，则是生产关系。

那么，现在某些资本主义国家的教育事业颇为发达，义务教育的年限逐步延长，中等教育相当普及，高等教育大量发展，这是不是那些国家的生产力发展水平直接决定的呢？

应当承认，那些国家的生产力发展水平确实比较高，并且影响到教育事业的发展。在第二次世界大战以后的三十多年中，随着科学技术的迅速发展，某些资本主义国家已经创立了原子能工业、宇航工业、电子计算机工业、激光工业、合成工业等一系列新兴工业，并且在自动化的基础上对原有工业进行了技术改造，农业也大规模地科学化、机械化了。这种高水平的生产力，要求教育事业培养大量熟练工人和科学技术人才，又为教育事业的发展提供了充裕的人力、物力和财力。这当然是它们的教育事业得以迅速发展的前提。我国的生产力水平比较低，不具备那样的前提，所以我国教育事业的发展就比它们落后。

不过，那些国家教育事业之所以发达，还因为应用现代科学技术的生产力，已经使资产阶级从剥削绝对剩余价值，转变为剥削相对剩余价值。在科学技术高度发展的条件下，美国学者舒尔茨等认为，单纯增加物的资本或增加劳动力的数量，不如通过教育提高人的能力更能提高劳动生产率，更有利于资产阶级利用较少的劳动力取得更大的利润。日本的资产阶级也看出，现在国际间的经济竞争就是技术竞争，而技术竞争又是教育竞争。如果劳动者没有科学文化知识，没有先进的劳动技术，如果科技人员和管理人员的水平不能称职，企业就没有竞争能力，资本家就不能攫取更多的剩余价值。所以，某些资本主义国家教育事业的发展比较迅速，是因为生产力的要求同资产阶级确保企业的熟练劳动力和科技力量，以取得更大利润的愿望，存在着一致性。可见，教育事业的发展以生产力的发展水平为前提，而又直接决定于生产关系，这一论点是可以解释某些资本主义国家教育事业比较发达的事实的。

但是，如果认为教育事业的发展直接决定于生产力，那就无法解释教育事业因生产关系的要求而发展的一系列事实。

以普及义务教育来说，它起源于宗教改革时期。十六世纪马丁·路德号召推行义务教育，为的是使劳动人民信仰新教。这种争夺灵魂的意图，今天仍然存在于资产阶级发展教育事业的动机之中。所以尽管现代科学昌明，人类的活动已经飞出了地球，人类的认识已经发现了胶子，许多资本主义国家却把宗教列为中小学各个年级的必修课，要求学生"爱上帝"。在那些不把宗教列为必修课的资本主义国家，则通过"公民""社会"等科目，去灌输资产阶级的政治、道德原则，麻痹工农子女的阶级觉悟。这是争夺灵魂的另一种形式。

从历史上看，德国是推行普及义务教育很早的一个国家。十七世纪初，萨克森就制订了强迫儿童入学的法令。十八世纪，普鲁士也颁布了义务教育法令。他们推行普及义务教育的重要目的，是为德国资产阶级和容克地主制造炮灰。铁血宰相俾斯麦就曾把一八七〇到一八七一年普法之战的胜利，归功于普鲁士的学校给他培养了严格服从军事命令的士兵。现代资产阶级延长普及义务教育年限的一个重要目的，也仍然是为训练士兵打基础，使学生形成资产阶级所谓"爱国家"的思想，有能力去学习和掌握现代武器，为帝国主义战争卖命。

正如资本主义国家发展尖端科学技术，首先是出于军事目的，尔后才用于民用工业一样，近二十年来某些资本主义国家的加强理工科高等教育，多招理工科学生，其直接推动力也还是为了增强军事实力，为了争霸。第二次世界大战结束后,美国便开始把军事上应用的先进科学技术,推广到民用工业中去。民用工业的发展,早就要求增加科技人才的数量,提高科技人员的水平。但是理工科高等教育并未引起人们注意。只是在一九五七年苏联人造卫星上天后,美国统治阶级才感到苏联的威胁,大叫大嚷要加强理工科的教学。

资本主义国家的大力发展高等教育,扩大招收研究生,也不都是为了适应生产力的要求。这从资本主义国家高等学校毕业生的系科组成中,就可以看得出来。根据日本文部省的统计资料①,二十世纪六十年代上半期,一些资本主义国家大学毕业生的系科组成如下:

	日本（1964）	美国（1964—1965）	英国（1964—1965）	法国（1965）	西德（1963）
文法	56.6%	56.3%	44.7%	46.4%	53.1%
理工	30.5%	16.1%	55.3%	53.6%	46.9%
教育、家政、其他	12.9%	27.6%			

美国学习政治、法律、经济管理、教育、文化艺术等专业的大学毕业生,在大学毕业生总数中占的比率特别大,理工科毕业生比率很小。所以尽管它的大学生总数超过苏联一倍多,但一九七〇年,美国的理工科毕业生却只有苏联的百分之五十七点五(据《国外培养科技人才的概况》一九七〇年的理工科毕业生,美国为十四万二千人,苏联为二十四万七千人)。培养资产阶级在政治、经济、文化、教育各方面的统治所需要的高级人才,始终是资本主义国家发展高等教育的重要动力。

总之,资产阶级为了争夺灵魂,为了培养士兵,为了增强军事实力,为了巩固资产阶级在政治、经济、文化、教育各方面的统治而发展

---

① (日本)清水义弘、天城勋:《教育计划》第一法规,1971年版,第51页。

教育事业，这一系列事实都证明着，是生产关系，是统治阶级的利益，而不是生产力直接决定着教育事业的发展。

资本主义国家中学结构的多样性，是不是生产力的要求直接决定的呢？各国职业高中的分为工、农、商、林、水产、卫生、家政等专业，当然是以社会生产的分工为前提的。但社会制度对社会的职业分工也有影响，像证券交易所的经纪事务，以及专门为资产阶级的享乐糜烂生活服务的那些职业，在社会主义国家，就不容许它存在。而且，我们还应当看到，在资本主义国家的中学结构中，反映着阶级歧视。欧美资本主义国家的中学，虽然名称各异，实质上都可以分为三类：一类是准备升大学的。一类是培养熟练工人和初级技术人员的。一类是"走向生活"的，学生毕业，只能当非熟练工人，学习年限也短。这三类学校的学生，占中学生总数的比例一般为二（或三）比三（或二）比五。他们的所谓按成绩（或按能力）分类，实际上是反映阶级差别的。工农子女的学习条件差，父母常失业，住所常变动，进的小学质量低，父母又因为经济拮据，往往希望子女上短期中学，可以早就业。资本主义国家的这种中学结构，对劳动人民是不利的，社会上的批评、指责很多。所以从第二次世界大战后期开始，各国都在使中学"综合化"。就是说，不把中学分为三类，而是在每个中学里面分三类学科，并且规定三科学生可以互转（实际上互转的学生很少）。有的国家还打算取消长期中学、短期中学的差别。这都是为了缓和阶级矛盾。资本主义国家中学结构的这种变化，也是生产关系决定的。

现代的社会生产力为发展教育事业提供了充裕的人力、物力和财力；可是，这种客观条件，在资本主义制度下，并没有能够，也没有可能充分发挥作用。

近三十年，某些资本主义国家的经济实力有了很大增长。以农业来说，一九七八年美国农业劳动者只占就业人口的百分之四，但它的粮食产量，按人口平均，每人每年已达二千七百斤，种一年够三年吃，所以能大量出口。法国在二十世纪五十年代，粮食勉强够吃，但到二十世纪七十年代已能出口百分之四十的粮食。现在一些西欧国家还为黄油大量过剩找不到市场而发愁。这些国家的生产力，可能为发展教育事业提供的客观条件，应当说是很好的。但是它们教育事业的实际发展状况，却同这一客观条件很不相称。

值得注意的是，近年来我国有的文件资料介绍外国教育事业的发展，有点言过其实。一九七八年有次教育会议的资料中说，一些资本主义国家"已经先后实现了高中普及义务教育"。可是，如果把它所列举的若干国家的普及义务教育年限，同那些国家的学制一对照，马上就可以发现，上述结论是不能成立的。按日本文部省编的《统计要览》（一九七七年版）中说，二十世纪七十年代中期，一些国家初中毕业生的升学率为：美国，百分之九十六点四（一九七四年度）；日本，百分之九十二点六（一九七六）；法国，百分之八十三点一（一九七四）；英国，百分之五十四点一（一九七五）；西德，百分之四十四点五（一九七四）。但是，朝鲜却已经实现了包括高中阶段在内的十一年普及义务教育。像西德、英国这样发达的国家，其教育的普及程度，还落在朝鲜后面相当远。这是不能用生产力水平的高低，而只能用生产关系、社会制度的不同，来加以解释的。[①]

上述会议资料还说那些资本主义国家"普及义务教育年限内的儿童就学率在百分之九十九上下"。这也不大符合事实。二十世纪七十年代初，美国有百分之二十五的学生未读完中学就退学。[②] 一九七三年，西

[①]《欧洲的孩子们命中注定将无业可操吗？》，西德《世界报》1979年7月3日。
[②] 德·扬：《美国教育》英文第7版。

德有百分之三十以上的学生没有读完九年义务教育，初中没毕业就退学了。① 一九七九年，意大利也有五十万十五岁以下的学生，没有读满义务教育年限便离校就业。法国的流生率也相当高。

一些发达的资本主义国家教育事业的实际发展，不但落后于生产力为发展教育事业可能提供的客观条件，也落后于生产力对发展教育事业提出的客观要求。二十世纪七十年代中期，法国平均每年需要经过培养的工人七十万人，但读完义务教育年限，取得合格工人证书的青年，平均每年只有二十八万人。② 一些资本主义国家，一方面苦于失业现象的严重，一方面像宇航工业之类的尖端工业，却找不到足够数量的熟练工人。这是由于资本主义的制度束缚着教育事业的发展的缘故。

在资本主义社会里，教育程度是财产的标志。尽管资产阶级高唱"社会公正的原则"，说每个人受教育的机会，只能受到自己才能的限制，人人都有权利受到完备的教育，但铁的事实是：美国市区工人子女上的学校，在文化水平上，要比郊区中上层阶级子女上的学校，低两三个年级。黑人子女上的学校程度更差，中学二年级的学生，上了七八年学，还没有阅读能力。而在美国的某些穷乡僻壤，其学龄儿童的入学率还只有百分之二十。③ 资本主义制度下的贫富悬殊、民族歧视、城乡差别，对普及义务教育的推进，十分不利。至于大学教育，就更不是一般劳动人民能问津的了。一九七〇年，美国有百分之二十的家庭，全年收入总额平均只有三千零五十四元。④ 但一九七〇至一九七一年度，美国公立大学的学费便高达一千二百四十八元，私立大学更高达二千七百二

---

① 《德意志联邦共和国职业教育的灾难》，东德《政治经济研究所报告》1974年8月号。
② 上海师范大学编：《教育发展史料》，第16页。
③ 《外国教育动态》第5期，第10页。
④ 《百科知识》1979年第2期，第30页。

十二元。① 连一些生活可说优裕的人，为了让孩子上大学，也往往要花光储蓄，甚至把房屋抵押出去借钱。一九七一年，法国工人占总人口的百分之五十六，但工人子女上大学的却只占大学生数的百分之十点二；上层阶级只占总人口的百分之四点五，其子女上大学的却占大学生数的百分之五十七。② 一九七二年，西德工人占总人口的百分之四十九点八，但工人子女上大学的却只占大学生数的百分之五点二；上层阶级只占总人口的百分之六点七，其子女上大学的却占大学生数的百分之三十三点七。③ 资本主义国家教育事业的发展，仍然受到工人供给不起子女上学的限制。

资本主义生产的无政府状态，也给发展教育事业带来不良影响。一九七九年春天，我国普通教育代表团访法时，法国南部的一位省长曾经抱怨，企业界根本不提出到什么时候需要多少什么样工种的工人，他根本无法有计划地发展教育事业。资本主义社会劳动力市场供求关系的波动，往往自发地影响到教育事业的发展。一九六八年，美国经济从大发展转向停滞。一九七一年，有六万五千个科学家、工程师失业。当年，十所著名大学的物理系就少招了百分之三十四的研究生。④ 经济危机本身也直接打击教育事业的发展。一九六八年，美元危机爆发。一九七〇年，美国的一千所大学就大叫"财政困难"，五百四十所大学陷入"财政危机"，不少学校把危机转嫁到教师、学生头上，采取了裁减教师、压缩上课时数和提高学费半倍至一倍等不利于教育事业发展的措施。

凡此种种，都说明了生产力不可能跳过生产关系、社会制度，直接使教育事业的发展充分利用它所能提供的条件，去充分满足它对人的能

---

① 上海师范大学编：《教育发展史资料》，第16页。
② 上海师范大学编：《教育发展史资料》，第56页。
③ 西德《教育和科学报》1973年1月，第1期，第4页。
④《国外培养科技人才的概况》，第2—3页。

力的需要。

有的同志把奴隶社会、封建社会教育事业发展规模的狭小，看成是由于那时候生产力的发展还不要求学校传授生产斗争知识，并且不能提供办更多的教育所需要的人力、物力。这也有待商榷。我国古代早就积累了不少算经、历法、医药方面的知识，并且确实出现过传授这些知识的学校，何以见得生产力的发展本身，硬是不需要学校传授这些知识呢？在按人口平均的粮食产量方面，我国古代也曾达到和今天仿佛的水平，为什么教育事业的规模远比现在小呢？单纯用生产力来解释教育事业发展中的一切现象，撇开社会制度、阶级关系看问题，可能有些片面。即使对于原始社会的教育，一方面，要看到生产力极低，所以最初还没有专门的教育人员和机构；另一方面，也要看到当初还没有出现剥削，所以那种原始形态的教育是普及的、平等的。马克思说："物质生活的生产方式制约着整个社会生活、政治生活和精神生活的过程。"① 生产方式的两个侧面——生产力和生产关系，对教育事业的发展都有影响，不能只讲一个方面。

反过来，教育事业的发展，对生产力、生产关系也都有影响。不考察教育事业为生产关系服务的作用，也不可能如实地评价教育事业在生产力发展中的作用。

教育的本质是培养一定社会集团所需要的人，不是培养抽象的劳动力。光有劳动能力而没有某种思想品德的人，实际上是根本没有的。光传授劳动经验或自然科学技术知识，而不培养某种思想品德的教育事业，实际上也是根本没有的。

不能把教育起源于劳动，说成最初的教育本来只是使儿童学习生产劳动经验。劳动总是在一定的生产关系下进行的。早在二十世纪五十年

---

① 《马克思恩格斯选集》第 2 卷，第 82 页。

代初，教育史的研究就已经表明，哪怕是原始社会的第一阶段——氏族社会前的社会，教育在使儿童养成必要的生活习惯和劳动技能的同时，就要使儿童了解整个部落的风俗，教儿童参加部落生活的各种仪式了。

将来的共产主义社会，阶级关系消失了，生产关系不可能消失。培养学生遵守共产主义社会的行为标准，仍将是教育的一个组成部分。

所以，也不能把教育的永恒性，看成仅仅是出于劳动力再生产的必要。培养年轻一代的思想行为，使其能适应社会上已经形成的或正在形成的生产关系，这在任何历史时代，都是必然要由教育事业承担的一项任务。

用这样的观点来看资本主义社会的教育，就可以理解：资产阶级的思想、政治、道德教育，是适应资本主义生产关系的需要的；当那种生产关系成为生产力发展的桎梏时，那种教育是阻碍生产力发展的。资本主义学校的自然科学、技术教育，在为资产阶级剥削剩余价值服务时，客观上仍然对生产力的发展有促进作用；但这种促进作用，又不能不受到资本主义生产关系的限制——学校培养出来的人才，既不能充分满足生产力发展的需要，却又会大量失业。而且，自然科学技术教育，在被资产阶级拿去为非正义战争服务时，还会对社会发展起促退作用。所以，并不是任何教育事业的发展，其规模越大便越能促进生产力的发展。要有分析，教育事业的发展，对生产力的反作用，也要经过生产关系的中介和折光。

在社会主义制度下，整个国民经济有可能有计划、按比例、高速度地发展，人民群众的物质生活有可能不断改善，社会主义教育事业也有可能迅速赶上和超过资本主义教育事业的普及程度，并在生产力的发展中充分发挥它的促进作用。但由于林彪、"四人帮"的破坏，我国的社会主义事业受到了极大摧残，教育事业受到的灾难尤为深重，无论在质量和数量方面，都存在着许多问题。当前，我们的教育事业也必须认真贯彻调整、改革、整顿、提高的方针，既要吸取外国的有益经验，又要坚持我们的社会主义方向，才能恢复和发扬社会主义教育事业的优越性，在实现社会主义的四个现代化过程中，充分发挥作用。

（原载于《教育研究》1979年第5期，第33—37页）

何谓"马列本来意义上的教劳结合"?

教育与生产劳动结合,是马列主义创始人在教育方面十分强调的一个基本原则。为了在教育工作中坚持这一原则,为了正确地分析我国实施教育与生产劳动结合的历史经验,为了更好地研究我国当前实施教育与生产劳动结合所面临的新情况、新问题,我们应当更加认真、更加深入地学习马列主义创始人关于这一基本原则的论述,力求达到准确的理解,这是十分必要的。但是,现在有的报刊上刊载的"马列本来意义上的教劳结合",① 却有许多须要商榷之处。

一、不能把《哥达纲领》的观点当作《哥达纲领批判》的观点

"马列本来意义上的教劳结合"究竟是怎样的呢?据说,"一是为工人阶级的后代争取受教育的权利而发出的呼吁。如马克思在《哥达纲领批判》中揭露了资本主义童工制度的野蛮的同时,坚信只有按照儿童的各种年龄严格调节时间,并把物质生产同教育结合起来,才能在当时的条件下争取改善劳动人民子女生活和文化学习的状况"。

---

① 见《文汇报》1980年11月4日《关于教育方针的探讨》、《教育研究》1981年第2期《教育与生产劳动相结合的原理被曲解了》。

这种说法，是否符合马克思在《哥达纲领批判》中所表达的本意呢？我们还得看一看马克思自己在《哥达纲领批判》中是怎样说的。马克思写道：

"'禁止童工'!"这里绝对必须指出年龄界限。

普遍禁止童工是和大工业的存在不相容的，所以这是空洞的虔诚的愿望。

实行这一措施——如果可能的话——是反动的，因为在按照各种年龄严格调节劳动时间并采取其他保护儿童的预防措施的条件下，生产劳动和教育的早期结合是改造现代社会的最强有力的手段之一。①

原来，马克思这段话的本意，是反对"普遍禁止童工"，是针对《哥达纲领》提出的"禁止童工"，批判它没有"指出年龄界限"。马克思的着眼点，也绝不是仅仅局限于"争取改善劳动人民子女生活和文化学习的状况"，而是站在改造资本主义社会的高度，来估量"生产劳动和教育早期结合"的重大意义的。后来，列宁在谈到这一问题时，也曾指出：马克思主义者"原则上并不反对妇女和少年从事工业劳动，认为完全禁止这种劳动的企图是反动的，他们只是坚决主张这种劳动必须在合乎卫生要求的条件下进行"。② 当然是列宁的对。马克思的本意，主要是说，儿童在受教育的同时，还应当参加劳动，只是必须采取保护儿童的预防措施。很明显，"为工人阶级的后代争取受教育的权利"，根本不是马克思在这里所说的主要论点（更不是唯一论点）。那种认为只要为儿童"争取受教育权"，无须让儿童从事劳动的思想，恰恰是马克思所批判的《哥达纲领》的本意，而不是《哥达纲领批判》中马克思的本意。

---

① 《马克思恩格斯选集》第3卷，第24页。着重点是原来就有的。
② 《列宁全集》第2卷，第413页。

二、不能只讲"劳动者应能受到教育"
而否定"受教育者必须参加劳动"

其实,马列主义创始人论述教育与生产劳动结合,并不是像有的同志所说的那样,只讲"劳动者应能受到教育",而是同时也十分强调"受教育者必须参加劳动"的。

马克思在《资本论》中写道:"尽管工厂法的教育条款整个说来是不足道的,但还是把初等教育宣布为劳动的强制性条件。这一条款的成就第一次证明了智育和体育同体力劳动相结合的可能性,从而也证明了体力劳动同智育和体育相结合的可能性。"① 这里所说的"智育和体育同体力劳动相结合",是指体力劳动者受教育;而"体力劳动同智育和体育相结合",则是指受教育者参加体力劳动。两者是有区别的(这决不是咬文嚼字,而是题中应有之义。当然,我们不能简单地根据"教育"与"劳动"哪个字眼摆在前面,去分别解释它的涵义;但是,只要同上下文联系起来,我们是能够看清两者的区别的)。把这两者综合起来,就是列宁所说的"普遍生产劳动同普遍教育相结合"。列宁曾经明确指出:"为了使普遍生产劳动同普遍教育相结合,显然必须使所有的人都担负参加生产劳动的义务。"②

我们还可以看到,在《共产党宣言》里,讲到"无产阶级上升为统治阶级"以后,为了变革全部生产方式,在最先进的国家几乎都可以采取的第十条措施中,马克思、恩格斯已经用"对一切儿童实行公共的和免费的教育"③,去表述"劳动者应能受到教育"那一方面的要求;

---

① 《马克思恩格斯全集》第23卷,第529页。
② 《列宁全集》第2卷,第414页。
③ 《马克思恩格斯选集》第1卷,第273页。

这样，下面的"把教育同物质生产结合起来"①，便仅仅是从"受教育者必须参加劳动"这一方面来说的了。

同样，从列宁在一九一九年提出的《俄共（布）党纲草案》中《关于国民教育的条文》，我们还可以看到，列宁也已经用第 3 条："对未满十六岁的男女儿童实行免费的义务的普通教育和综合技术教育"②去表述"劳动者应能受到教育"那一方面的要求，这样，下面第 4 条："把教学工作和儿童的社会生产劳动紧密结合起来"③，也已经仅仅是从"受教育者必须参加劳动"这一方面来说的了。

因此，我们似乎应当这样理解：无论是马克思、恩格斯还是列宁，他们讲到无产阶级夺取政权后的教育与生产劳动结合，都恰恰是专门从"受教育者必须参加劳动"这一方面来说的。

可是，有的同志却断言：马克思、列宁"强调教育与生产劳动相结合"时，"教育在他们那里，从来都是推动科学技术发展，从而也是推动生产力发展的不可忽视的重要因素。至于在社会主义条件下，大中小学的教育工作在各个具体环节上，究竟要不要同生产劳动结合，怎样结合，他们都没有也不可能作出详细的论述"。那就是把无产阶级夺取政权后的教育与生产劳动结合，照旧理解为"劳动者应能受到教育"，并且特别突出这一个侧面，来贬低"受教育者参加劳动"的必要性。这难道也能算"马列本来意义上的教劳结合"吗？不言而喻，要求马克思、列宁对"社会主义条件下大中小学的教育工作，在各个具体环节上"，究竟怎样与生产劳动结合，都来一个"详细的论述"，这未必是合理的。可是，对于在社会主义条件下，"教育究竟要不要同生产劳动相结合"，不论是马克思还是列宁，毕竟都有旗帜鲜明的主张。

---

① 《马克思恩格斯选集》第 1 卷，第 273 页。
② 《列宁选集》第 3 卷，第 765 页（译文对照俄文版略有改动）。
③ 《列宁选集》第 3 卷，第 765 页（译文对照俄文版略有改动）。

三、不能只讲"教劳结合"的智育目的，而排斥其思想政治教育目的

"马列本来意义上的教劳结合"，据有的同志的解说："二是把教育与生产劳动的结合，作为提高全社会现代科学文化水平的重要途径。"这是对的，只是马列讲教育与生产劳动结合的意义，绝不是只限于这一方面。如果只看到这一点，就断言："我们一九五八年正式提出的教育与生产劳动结合，……已经不是马列本来意义上的结合，从一开始它就主要是作为思想政治教育的内容和要求提出来的。"仿佛马列讲教育与生产劳动结合，真的压根儿没有强调过它在思想政治教育方面的意义似的，谁要是强调了思想政治教育方面的目的，那就是"离经叛道"。这就太武断了。

还是从《哥达纲领批判》说起吧。马克思为什么在资本主义社会里，就毫不动摇地反对完全禁止儿童参加劳动呢？为什么说，"生产劳动和教育的早期结合是改造现代社会的最强有力的手段之一"呢？

十九世纪末，列宁在批判尤沙可夫时，顺带说到了问题的一个方面：因为如同劳动者受不到教育一样，教育脱离了生产劳动，也不能使学生的知识技能达到现代科学技术所要求的高度。后来，克鲁普斯卡雅又说到了问题的另一个方面：她认为马克思之所以坚决反对完全禁止童工，还因在资本主义社会里，少年在工厂有利于培养阶级觉悟，树立无产阶级的、社会主义的生活观点；而完全禁止儿童参加劳动，让他们脱离工厂劳动而投入自顾自的家庭环境或者资产阶级学校的腐败环境，就意味着阻碍培养社会主义战士的事业。

其实，马克思本人，早在写《哥达纲领批判》（一八七五年）之前很久，在《临时中央委员会就若干问题给代表的指示》（一八六六年）中，也不仅表明了他反对"完全禁止童工"，而且分明说到了在社会主

义社会里，儿童参加生产劳动的思想政治教育意义。他说："现代工业吸引男女儿童和少年来参加伟大的社会生产事业，是一种进步的、健康的和合乎规律的趋势，虽然在资本主义制度下，它是畸形的，在合理的社会制度下，每个儿童从 9 岁起，都应当像每个有劳动能力的成人那样成为生产工作者，应当服从普遍的自然规律，这个规律就是：为了吃饭，他必须劳动，不仅用脑劳动，而且用双手劳动。"① 三个月之后，马克思又指出："体力劳动是防止一切社会病毒的伟大的消毒剂。"② 在社会主义社会里，每个儿童都应参加生产劳动，才能养成不剥削他人、自食其力的身手和习惯，才能信守"不劳动者不得食"的社会主义原则，才能防止社会病毒的侵蚀。

如果说，列宁根本不会同尤沙可夫去争论教育与生产劳动结合的思想政治教育意义，那么，列宁在《青年团的任务》中，就十分强调教育与生产劳动结合的思想政治教育意义了。他指出："必须使共产主义青年团把自己的训练、学习和教育同工农的劳动结合起来，不要关在自己的学校里，不要只限于阅读共产主义书籍和小册子。只有在劳动中同工农打成一片，才能成为真正的共产主义者。"③

马克思、列宁如此强调教育与生产劳动结合的思想政治教育意义，难道也"已经不是马列本来意义上的教劳结合"了吗？

我国曾经是一个封建统治长达数千年的国家。轻视生产劳动的封建思想，对教育界有着不容忽视的深刻影响。一九五八年，我国在实施教育与生产劳动结合的过程中，的确有许多严重的缺点和错误，应当认真加以分析研究，以便吸取教训，防止今后重犯。然而，一九五八年的批判轻视生产劳动，把生产劳动引进学校，还是必要的。把一九五八年实

---

① 《马克思恩格斯全集》第 16 卷，第 216—217 页。
② 《马克思恩格斯全集》第 31 卷，第 538 页。
③ 《列宁选集》第 4 卷，第 358 页。

施教育与生产劳动结合的以思想政治教育目的为主，说成是"已经不是马列本来意义上的教劳结合"，是既不符合马列的本意，又不切合我国的实际情况的。

四、不能只讲"理想条件"，而放弃教育与生产劳动结合的原则

"马列本来意义上教劳结合"，据有的同志的解说："是从对空想社会主义理论的科学分析中，对于未来教育的设想。"这也是对的。马克思说："正如我们在罗伯特·欧文那里可以详细看到的那样，从工厂制度中萌发出了未来教育的幼芽，未来教育对所有已满一定年龄的儿童来说，就是生产劳动同教学和体操相结合，它不仅是提高社会生产的一种方法，而且是造就全面发展的人的唯一方法"[①]。

可是，有的同志又断言："在相当长的一段时间里，我们还不具备实现这种'未来教育'的条件。"这就令人费解了。

马克思所说的"未来教育"，"就是生产劳动同教学和体操相结合"。所以，所谓"还不具备实现这种'未来教育'的条件"，实际上是说，还不具备把生产劳动同教学和体操结合起来的条件。那我们岂不是只有根本放弃教育与生产劳动结合的原则吗？

马克思在谈"未来教育"时明确地指出，"未来教育"应该是包含生产劳动在内的教育，而这种生产劳动也应该是具有教育性的劳动。这种生产劳动应该像教学和体操一样，是教育本身的一个不可缺少的组成部分。这样的"未来教育"，在当时的资产阶级学校里是不会有的；在欧文那里，也只是"萌发了幼芽"；然而，在社会主义条件下，却是可以付诸实施的。

[①]《马克思恩格斯全集》第23卷，第530页（译文参考英译本、俄译本略有改动）。

不能认为，马克思一八六七年所说的"未来教育"，经过了一百一十四年的人间沧桑，到我们今天的一九八一年，还照样只能是"未来"的东西。这种"未来教育"，早在一八一六年欧文在纽兰纳克办学的时候，就已经"萌发了幼芽"，为什么时间经过了一百六十五年，到我们今天，却似乎反而连那幼芽的影子都没有条件看到了呢？

问题在于，我们有的同志只愿意针对遥远的未来，侈谈"在理想条件下的教劳结合"。这不能不使我们想起：一九二〇年，当苏联的经济状况还远远不如我们现在的时候，列宁对培养全面发展的人所取的态度。他说："共产主义正在向这个目标前进，必须向这个目标前进，并且一定能达到这个目标。"① 那时候列宁说到综合技术教育问题，也曾经指出："决不能这样来谈综合技术教育：从抽象的概念出发，针对遥远的未来，而不考虑当前的、迫切的、糟糕的现实情况。……我们决不能放弃原则，我们一定要立刻尽可能地实施综合技术教育。"② 我们应当学习列宁，向培养全面发展的人前进，我们决不能放弃原则，我们一定要立刻尽可能地实施教育与生产劳动结合。

有的同志十分鄙视"简单的教育加劳动"，说成为："并非马列本来意义上的教劳结合。"事实并非如此。

马克思说："工厂法作为从资本那里争取来的最初的微小让步，只是把初等教育同工厂劳动结合起来。"③ 那难道不是"简单的教育加劳动"吗？然而，马克思却承认它是"初等教育同工厂劳动结合"。

当列宁号召把"教育同工农的劳动结合起来，不要关在自己的学校里"时，曾说到"全体青年都去参加星期六义务劳动"，"利用每个近

---

① 《列宁选集》第4卷，第205页。
② 《列宁全集》第36卷，第557页。着重点是原来就有的。
③ 《马克思恩格斯全集》第23卷，第535页。

郊菜园来帮助居民"。① 这难道不也是"简单的教育加劳动"吗？然而，列宁却也承认它是"教育同工农的劳动结合"。

那时候，列宁本人也参加了星期六义务劳动。据同他一起打扫广场的学生说："依里奇亲身搬过许多柴，拉过车，并且搬运过石头。"② 这些，恰恰就是有的同志视为"并非马列本来意义的"简单的手工劳动。有什么办法呢？如果完全排斥简单的手工劳动，天上又不会自动掉下来一个"大工业生产"，更不会自动掉下来一个共产主义。

无须多说，马克思、列宁并不是只要"简单的教育加劳动"，更不是越简单越好，而反对把生产劳动同教育、教学更密切地结合起来。问题在于，绝对排斥"简单的教育加劳动"，根本不是马列的本意。

"教劳结合"的"理想条件"还没有具备，"简单的教育加劳动"又瞧不上眼，那就根本谈不上"立刻尽可能地实施"教育与生产劳动结合，而唯有放弃教育与生产劳动结合的原则了。

我国是一个十亿人口、九百六十万平方公里的大国，各地的经济发展、文化发展水平很不平衡。教育与生产劳动结合，也不能不从当时当地、各级各类学校的实际情况出发，采取从低级到高级的多种形式。

对于我国实施教育与生产劳动结合的历史经验，包括民主革命时期的经验，应当采取有分析的态度。不能从光讲成绩的一个极端，跳到全盘否定的另一个极端。马克思从十九世纪资本主义剥削那么残酷的童工制度中，都能看到，"现代工业吸引男女儿童和少年来参加伟大的社会生产事业，是一种进步的、健康的和合乎规律的趋势"，而坚决反对"普遍禁止童工"。为什么我们从二十世纪中国共产党领导下的教育与生产劳动结合中，却只能看到一团漆黑，而坚决反对"受教育者参加劳

---

① 《列宁选集》第4卷，第358页。
② 《列宁生平事业简史》，第364页。

动"呢？

　　关键在于，我们首先要力求准确地理解马列主义创始人关于教育与生产劳动结合的论述，改变那种"六经注我"的学风。理论上的混淆，必然带来思想上的动摇和行动上的错误。我们应当谨慎。

（原载于《教育研究》1981年第7期，第39—43页）

从《共产党宣言》看教育的作用

《共产党宣言》是无产阶级政党的第一个理论的和实践的纲领。它标志着科学共产主义理论的形成和国际共产主义运动的开始,是一部划时代的光辉文献。

恩格斯曾经一再说过,"构成《宣言》核心的基本原理是属于马克思一个人的"。他在说明这一基本原理的重大意义时指出:"正像达尔文发现有机界的发展规律一样,马克思发现了人类历史的发展规律。"[1]所以,《宣言》所阐明的基本原理,也是我们研究教育问题的指针。马克思主义教育理论关于教育具有历史性和阶级性的观点,关于教育必须为实现共产主义的理想服务的观点,就是以马克思所发现的人类历史发展规律作为哲学基础的。此外,《宣言》还多次直接谈到教育问题。可以说,《宣言》在涉及意识形态的事情时,总是特别重视教育问题的。正因为这样,我们在纪念马克思逝世一百周年的时刻,重新学习《共产党宣言》中有关教育问题的论述,探讨教育在共产主义运动中的作用,是很有意义的。

---

[1]《马克思恩格斯选集》第3卷,第574页。

一、教育是促进工人阶级精神发展的必要条件

工人阶级是资本主义制度的掘墓人。恩格斯说,马克思把共产主义运动彻底胜利的希望,完全寄托于"工人阶级的精神的发展",寄托于"他们的头脑更善于透彻了解工人阶级解放的真实条件"①。这就是说,工人阶级要从自在的阶级发展到自为的阶级,才能争得共产主义运动的胜利。

毛泽东同志说,无产阶级在同资产阶级斗争的初期,即破坏机器和自发斗争时期,他们还是一个自在的阶级,到了有意识有组织的经济斗争和政治斗争的时期,"由于实践,由于长期斗争的经验,经过马克思、恩格斯用科学的方法把这种种经验总结起来,产生了马克思主义的理论,用以教育无产阶级,这样就使无产阶级理解了资本主义社会的本质,理解了社会阶级的剥削关系",这时无产阶级才能发展成一个自为的阶级。②

由此可见,工人阶级的精神发展,工人阶级从自在的阶级向自为的阶级发展,重要的是把工人运动同马克思主义,同科学社会主义结合起来;这离不开革命实践,也离不开教育。革命实践和教育二者互相促进。革命实践推动工人阶级要求接受教育,并使教育更有成效。而教育又促进工人阶级的精神发展,使他们提高觉悟,增长才干,能更好地进行革命实践。

所以,《宣言》在叙述无产阶级的发展这一重要问题时,细致地多方面地分析了无产阶级"教育因素"的增长,决不是偶然的。《宣言》把"教育因素"称为无产阶级反对资产阶级的武器,称为"启蒙的进步的新因素",这些都说明了教育是促进工人阶级的精神发展,争取共

---

① 《马克思恩格斯选集》第 1 卷,第 243 页。
② 《毛泽东选集》第 1 卷,新版横排本,第 265 页。

产主义运动彻底胜利的必要条件。

《宣言》在这里所说的教育，包括"政治教育和普通教育"。政治教育是提高工人阶级的政治觉悟所必需的。《宣言》在阐明无产阶级联合资产阶级进行反封建斗争中的策略时，便曾十分强调，"共产党人一分钟也不忽略教育工人尽可能地明确意识到资产阶级和无产阶级的敌对的对立"。我国民主革命和社会主义革命的胜利，也是同党不断地努力加强对工人阶级和全国人民的政治教育分不开的。

至于"普通教育"，在这里就是指一般文化科学方面的教育而言，它不但可以增长工人阶级同资产阶级斗争的知识和能力，而且是使工人运动能够同科学社会主义结合起来所不可少的。因为工人不可能自发产生科学社会主义的意识，列宁说，社会主义学说"是由有产阶级的有教养的人即知识分子创造的哲学、历史和经济的理论中成长起来的"[1]。没有相当的文化科学知识基础，不但创造不了科学社会主义理论，而且也接受不了科学社会主义思想。"各国工人运动史表明，最先和最容易接受社会主义思想的是知识水平最高的工人部分"[2]。毛泽东同志在说到文化科学知识的重要性时，也曾指出："不识字，不能看，不能写，其社会常识与自然常识限于直接见闻的范围，这样的人虽然也能做某些工作，但要做得好是不可能的，虽然也能学到某些革命道理，但要学得好也是不可能的。"[3]

今天，我们正在建设社会主义精神文明，从根本上来说，也是为了促进工人阶级和全国人民的精神发展，向共产主义运动彻底胜利的目标前进。一方面，要加强马克思主义的思想建设。另一方面，也必须重视包括教育在内的文化建设。

---

[1]《列宁选集》第1卷，第247页。
[2]《列宁全集》第4卷，第246页。
[3]《毛泽东同志论教育工作》，人民教育出版社1958年版，第200页。

在当代一些发达的资本主义国家里，工人阶级的教育程度，比135年前《宣言》发表时，已经上升了许多。随着科学技术的发展和生产的电子化、自动化，工人的教育程度也不能不提高。以美国为例，18岁以上产业工人受教育的平均年限，1970年已达到11.6年，教育程度最低的农业工人，也达到了9年。同时，还有越来越多的工程技术人员也加入了无产阶级的行列。《宣言》早就说过，资产阶级"把医生、律师、教士、诗人和学者变成了它出钱招雇的雇佣劳动者"。现在，西方国家在人数上几乎与体力劳动者相等甚至超过的脑力劳动者中，有相当大的一部分人，都是不占有生产资料，受雇佣，被剥削的脑力劳动无产阶级。他们壮大了无产阶级的队伍，也提高了整个无产阶级的教育程度。

与此同时，由于资本主义的固有矛盾依然存在，垄断资本家占有的社会财富和国民收入迅速膨胀，而无产阶级的相对贫困化却日益加深。如美国五百家最大公司的利润，从1975年到1977年，只两年时间，就增加了39%，而美国工人的实际工资，从1967年到1976年，十年时间，却只增加了5%。此外，通货膨胀，重税高利，失业严重，犯罪增多，道德堕落，精神空虚，政治倾轧，军事冲突等资本主义的弊病，也都有增无减。不能设想，掌握着现代文化科学知识的无产阶级能满足于物质生活的某些改善，俯首听命于资本的剥削和统治。从资本主义世界参加罢工的人数来看，1919年至1939年这二十年中，共有7 400万人，而1960年至1970年这十年中却增至8亿6千万人。无产阶级反对资产阶级的斗争在发展，他们的阶级觉悟也在提高。①

当然，一般文化科学方面的教育，并不能代替政治教育。但是，马克思主义政党可以利用无产阶级教育程度提高这个有利条件，更好地向

---

① 高放：《社会主义的过去、现在和未来》，北京出版社1982年版，第260—269页。

无产阶级灌输科学社会主义思想,教育无产阶级为推翻资本主义的统治而斗争。

二、教育是无产阶级专政下变革生产方式的重要手段

《宣言》在阐明共产主义运动的实践纲领时指出:"工人革命的第一步,就是使无产阶级上升为统治阶级,争得民主。无产阶级将利用自己的政治统治,一步一步地夺取资产阶级的全部资本,把生产工具集中在国家即组织成为统治阶级的无产阶级手里,并且尽可能地增加生产力的总量。"由此可见,无产阶级取得政权,建立无产阶级专政后,既要逐步消灭传统的所有制,又要努力发展生产力,也就是说,要"变革全部生产方式"。

在变革所有制方面,《宣言》十分强调:"共产主义革命就是同传统的所有制关系实行最彻底的决裂,毫不奇怪,它在自己的发展进程中要同传统的观念实行最彻底的决裂。"因为传统的观念是传统的所有制的产物,是维护传统的所有制的。而在《宣言》的作者看来,教育正是占有和生产精神产品,即继承和发展观念形态的重要手段。所以,《宣言》在捍卫共产主义关于意识形态方面的理论观点时,它首先捍卫的就是共产主义的教育观点;它的批判锋芒,首先就指向资产者对"消灭阶级的教育"的责难。

《宣言》指出:"资产者唯恐其灭亡的那种教育,对绝大多数人来说,不过是把人训练成机器罢了。"这里所说的"教育",从《宣言》的英文版和俄文版都可以看到,它主要是指知识、能力方面的教育。资本主义教育的所谓劳动力再生产,不过是把人训练成"制造剩余价值的机器"。① 无产阶级必须消灭这种教育的资产阶级性质。接着,《宣言》

---

① 《马克思恩格斯全集》第23卷,第439页。

又在驳斥资产者攻击共产党人"消灭家庭"的责难中指出,教育总是"由社会关系决定的",重申了共产党人"要使教育摆脱统治阶级的影响",即资产阶级的影响。

"消灭阶级的教育",使教育摆脱资产阶级的影响,这是同传统的观念彻底决裂的组成部分,也是同传统的所有制彻底决裂的重要条件。所以,马克思在谈到资本主义制度下的普及教育问题时,坚决反对让资产阶级学校给学生讲授政治经济学方面的知识,主张"年轻人应当在日常生活斗争中从成年人那里获得这种教育","只有像自然科学、文法等等这样的课目才可以在学校里讲授"。① 可见,即使在资本主义制度下,马克思也很重视抵制资产阶级对教育的影响。

今天,我们进行社会主义现代化建设,更加应当在教育工作中坚持社会主义、共产主义的方向,排除各种非无产阶级教育观点的干扰,保证把受教育者培养成德、智、体几方面都得到发展的、有社会主义觉悟的、有文化的、身体健康的劳动者。

在发展生产力方面,教育也具有重要作用。马克思说:"要改变一般的人的本性,使它获得一定劳动部门的技能和技巧,成为发达的和专门的劳动力,就要有一定的教育或训练。"② 教育是培养和提高劳动力的必要手段。

随着近三十年来科学技术的进步,工人只是粗通文化,只能从事简单的体力劳动,已经不能适应现代生产的要求了。只有掌握较多的文化科学技术知识,懂得现代技术装备的结构及其运转原理,才能操纵和维修复杂的、自动控制的仪表和其他设备。只有掌握比较广泛的文化科学技术知识,通晓整个生产系统,才能适应现代生产中技术变革和职业变动的需要。同时,由于科学技术和管理工作在提高劳动生产率中的作用

---

① 《马克思恩格斯全集》第 16 卷,第 656 页。
② 《马克思恩格斯全集》第 23 卷,第 195 页。

日益增长，现代生产还要求总体工人中脑力劳动者的比例扩大。所以，开发智力，培养人才，已经成为促进国民经济发展的必要条件。现在，我们把教育和科学列为经济发展的战略重点是十分正确的。

《宣言》还说到无产阶级取得政权后，为了"变革全部生产方式"可以采取的一些革命措施，它在意识形态方面具体提出的唯一要求，就是"对一切儿童实行公共的和免费的教育。……把教育同物质生产结合起来"。

对于普及教育的意义，应当从"变革全部生产方式"的要求去理解，既是为了发展生产力，也是为了变革所有制，为了消灭旧思想。对于实行教育与生产劳动相结合的意义，也应当这样理解。这不但是提高劳动生产率、增加社会生产所必需，而且是清除剥削阶级的旧思想，培养革命的理想、道德和纪律，消灭脑力劳动和体力劳动的本质差别，为彻底消灭阶级差别创造条件所必需。

值得注意的是，《宣言》在这里特别突出了教育年轻一代的问题。马克思说过："最先进的工人完全了解，他们阶级的未来，从而也是人类的未来，完全取决于正在成长的工人一代的教育。"[①] 无产阶级必须把一代又一代青少年培养成社会主义，共产主义的新人，才能把共产主义运动推进到彻底的胜利。

（选自中国教育学会教育学研究会编《学习马克思的教育思想：纪念马克思逝世一百周年》，人民教育出版社1983年版，第216—222页）

[①]《马克思恩格斯全集》第16卷，第217页。

关于教育本质的讨论和对本质的理解

科学认识的任务即在于揭示事物的本质和规律，以指导实践。因此，探索教育的本质必然是教育科学中的一个基本课题。即使以编写教育学教科书来说，尽管在字面上也可以不提"教育的本质"这个词目，但在事实上却绝不能不反映其对教育本质的认识，想回避也回避不了。所以，前些年对教育本质问题的讨论，无论怎样众说纷纭，莫衷一是，都不能因之而否定或怀疑这一问题本身的讨论价值。

为了使讨论能够比较顺利地进行，有些同志曾经提出："首先应弄清本质这一概念的科学涵义。"① 这的确是一个必须解决的根本问题。但为了弄清这一概念，现在看来，又须要探讨以下几个问题。

一、特殊本质和共同本质

有些同志认为，本质应"是一事物区别于他事物的特殊的属性"②，

---

① 靳乃铮：《教育的本质与归属》，《教育研究》1982年第6期，第2页。
② 孙喜亭：《关于教育本质的若干问题》，余立、孙喜亭著：《高等教育理论研究》，陕西师范大学出版社1986年版，第147页。

"探明教育的本质，也即是要弄清它所包含的特殊矛盾。"① 其理论根据就是毛泽东同志所说："任何运动形式，其内部都包含着本身特殊的矛盾。这种特殊的矛盾，就构成一事物区别于他事物的特殊的本质。"② 从这个角度出发，他们对构成教育过程的诸要素及其内在联系，对教育过程内部所包含的特殊矛盾，进行了探索，并在认识教育的特殊本质方面作出了贡献。

然而，他们否认教育的本质也应当包括教育与某种其他社会现象共有的本质在内，把探索教育的本质局限于弄清教育内部的特殊矛盾，则是欠妥的。他们在援引毛泽东同志的上述论点时，似乎没有注意到以下几点：

第一，毛泽东同志曾经接着指出："人们总是首先认识了许多不同事物的特殊的本质，然后才有可能更进一步地进行概括工作，认识诸种事物的共同的本质。"事物的本质，本来就包含着它区别于他事物的特殊本质，和它与他事物一道具有的共同本质这两个方面。特殊本质是相对于共同本质而言的，没有共同的本质，还有什么必要提特殊的本质呢？如果事物只有特殊本质，没有共同本质，那么，人类的认识还怎么能"由特殊到一般，又由一般到特殊"呢？

第二，毛泽东同志又接着指出："每一个事物内部不但包含了矛盾的特殊性，而且包含了矛盾的普遍性，普遍性即存在于特殊性之中，所以，当着我们研究一定事物的时候，就应当去发现这两方面及其互相联结，发现一事物内部的特殊性和普遍性的两方面及其互相联结，发现一事物和它以外的许多事物的互相联结。"把研究教育的本质局限于研究教育内部的特殊矛盾，即只研究教育内部矛盾的特殊性，不研究教育内

---

① 南京师范大学《教育学》编写组：《教育学》，人民教育出版社1984年版，第18页。

② 毛泽东：《矛盾论》，人民出版社1952年版，第13页。

部矛盾的普遍性，不研究教育和它以外的许多事物的关系，是不可能弄清教育与其他事物一道具有的共同本质的。

第三，毛泽东同志还接着指出："在一定场合为普遍性的东西，而在另一一定场合则变为特殊性。反之，在一定场合为特殊性的东西，而在另一一定场合则变为普遍性。"事情的确是这样。主张"本质只是指特殊本质"的同志，按照他们的逻辑，便不能否认，古今中外各种形态的教育，从原始社会的教育到资本主义的教育、社会主义的教育，都各有其特殊本质；否则，便会像他们所强调的那样，"无法区分和识别"这些不同形态的教育了。可是，当他们表述自己的教育本质观时，又几乎无不认为，"只有这样来概括教育的本质，才符合古今中外几千年来教育发展的史实和规律，才能用一个普遍的概念贯通古今中外的一切教育现象"①。这就无异于承认，他们所概括的教育的特殊本质，原来也就是古今中外一切教育的共同本质。可见，事物的共同本质，事物内部矛盾的普遍性，是任何人都否定不了的客观存在。谁要否认它，便不能不陷于自相矛盾的境地。

本质只能与现象构成矛盾概念，不能与共同本质构成矛盾概念。本质与共同本质是从属关系，本质是上位概念，共同本质是下位概念。所以，确定事物的本质，排除个别现象是对的，排除共同本质是不对的。凡是贯串于事物的全体和始终的普遍的、稳定的属性，便是事物的本质属性。不能因为某一本质属性是这一事物与其他事物所共有，便否认它是这一事物的本质属性。例如，阶级性就是现代教育的本质属性之一，不能因为封建教育或法律、道德也有阶级性，便否认它是现代教育的本质属性。

本质与特殊本质也是从属关系，不是同一关系。所以不能用特殊本

---

① 靳乃铮：《教育的本质与归属》，《教育研究》1982 年第 6 期，第 5 页。

质这个下位概念来顶替本质这个上位概念。

二、本质和归属

事物的本质既然包含着它与他事物一道具有的共同本质，而宇宙间事物的范围又极其广大，要把某一事物去同世界上不可胜数的其他事物一一比较，以探索其共同本质，无疑是不可能的。那么，究竟应当从何入手去研究事物的共同本质呢？一般说来，总是选择与这一事物临近或相似的事物来作比较，然后加以归类。如果这种归类是科学的，那就可以断定这一事物与同类事物具有共同的本质。

前些年关于教育是上层建筑，还是生产力或是另一类社会现象的讨论，实质上就是探索教育究竟与哪一类社会现象具有共同的本质，这种讨论，不仅具有重大的实际意义，而且可说是探索教育与其他事物的共同本质的必经之路。现在的问题，是要通过这种讨论得出科学的结论来，明确教育究竟与哪些社会现象具有共同的本质，或者说，教育究竟属于还是不属于某一类社会现象；而绝不能把这种讨论排除出去，使研究教育的本质缩小到只研究教育的特殊本质。

可是，有些同志却认为："本质解决的是此事物区别于彼事物的根本原因问题，归属恰恰是寻找各事物的相同属性进行归类问题"[1]；"近年来教育理论界展开关于教育是上层建筑还是生产力的讨论，它所涉及的仅是教育归属于何种社会现象的问题，并不揭示教育的本质"[2]。

这是由于他们把特殊本质和本质等同起来，排斥共同本质，因而又把归属和本质对立起来，似乎根本用不着讨论归属问题，便可以弄清教育的本质了。这样，就决不可能对上述讨论的意义作出合理的评价，并

---

[1] 靳乃铮：《教育的本质与归属》，《教育研究》1982年第6期，第6页。
[2] 南京师范大学《教育学》编写组：《教育学》，人民教育出版社1984年版，第36页。

且会对进一步探索教育与其他事物的共同本质，形成阻力。

实际上，即便是只探索教育的特殊本质，也不可能完全排除归属问题。值得注意的是，凡是主张"本质只是指特殊本质"，从而把本质与归属对立起来的同志，几乎无不倾向于用给教育下定义的办法来解决教育的本质问题。可是，要下定义便不可能不采用最临近的种加属差的办法。而要确定最临近的种，又恰恰就是一个归属问题。

试看，有的同志说："教育就是根据一定社会的要求，传递社会生活经验，以培养人的社会生活能力的工具。这就是教育区别于其他一切社会现象的一贯的稳定的本质，也是关于教育这一概念的基本定义。"[①] 有的同志把狭义的教育定义为："教育者按照一定的社会要求，向受教育者的身心施加有目的、有计划、有组织的影响，以使受教育者发生预期变化的活动。"并认为"上述定义，也就是教育（狭义）的本质"[②]。这类定义的恰当与否，这里不加讨论。但是如果从下定义的方法这个角度去分析一下，就可以看到，前一定义的"种"是工具，后一定义的"种"是活动。他们还是要先把教育归属于工具或活动，然后才有可能给教育下定义的。前一定义的作者，还曾为把教育归属于工具的正确性作过一番论证。

由此可见，即便是主张"本质只是指特殊本质"，认为讨论本质问题应当把共同本质和归属问题排除出去的同志，他们自己在表述其教育的本质时，却既排除不了共同本质（种加属差，就是共同本质加特殊本质），又排除不了归属问题。客观的东西总是不以人的意志为转移的，要排除也排除不了。问题仅仅在于，把教育归属于哪一类社会现象（如把教育归属于工具或活动，是否足以说明教育的本质），肯定教育与哪

---

① 靳乃铮：《教育的本质与归属》，《教育研究》1982年第6期，第5页。
② 南京师范大学《教育学》编写组：《教育学》，人民教育出版社1984年版，第19页。

一类社会现象具有共同本质（如肯定教育具有工具或活动的共同本质，究竟能有多大意义）罢了。

三、本质和定义

定义是事物本质属性的概括，所以下定义可以是说明事物本质的一种方法。但并不是唯一的或主要的方法。

马克思说过，人"是只有在社会中才能独立的动物"①。这可以说是给人下了一个足以区别于其他动物的定义了。然而，马克思却一再强调："人的本质……是一切社会关系的总和。"② "人的本质是人的真正的社会联系"③。这里，马克思都没有采用下定义的方式来表述人的本质，但都深刻地说明了不同时代、不同社会集团的人们必然具有不同的特点，以及产生这种不同特点的根源，其所揭示的人的本质，比上述定义深刻得多了。

列宁说过，"人的思想是由现象到本质，由所谓初级的本质到二级的本质，这样不断地加深下去，以至于无穷。"④ 下定义可能是揭示事物初级或二级的本质的一种方法，对于揭示事物更为深刻的本质，恐怕是不够的。列宁说："所有定义都只有有条件的、相对的意义，永远也不能包括充分发展的现象的各方面联系。"⑤ 这是很值得我们深思的。

现在，有的同志正试图用一段简明的文字来表达教育的本质，其用意是好的。但从形式上看，也具有那种用下定义的方法来解决教育本质问题的倾向。那个定义已经下得很长了，但仍然很难认为已经足以说明教育的本质。例如，"在一定社会的政治和经济制度、社会意识形态、

---

① 《马克思恩格斯全集》第12卷，第734页。
② 《马克思恩格斯选集》第1卷，第18页。
③ 《马克思恩格斯全集》第42卷，第24页。
④ 《列宁全集》第38卷，第278页。
⑤ 《列宁选集》第2卷，第808页。

生产力、自然科学等诸要素的统一制约下"① 那句话，几乎把社会发展中的主要因素都一个一个点齐了，但说明了什么问题呢？这"统一制约"究竟是怎样统一法呢？教育（或教育内部各要素）与社会发展中上述各要素之间的关系，有没有更直接、较间接，或更主要、较次要之分呢？既然什么也没有说，那这么长的一段话，不是同"在一定社会的制约下"这几个字完全等价，并无较多涵义吗？看来表述事物的本质，可简则简，如马克思的表述人的本质，不可简则不宜硬减，如列宁著作中两次出现资本主义社会本质的表述，便都用了整整两页篇幅。② 表述事物的本质，无须限于定义式。

四、本质和规律

本质和规律，当然有区别。本质存在于每一事物之中，规律存在于一事物与他事物的关系之中。至于说存在于某一事物内部的规律，那也是指一事物内部诸元素（即低一级的事物）之间的本质关系。然而，在研究事物本质的时候，既要研究这一事物与他事物不同的特殊本质，又要研究这事物与他事物一道具有的共同本质，就不能不涉及其他事物，其中也往往会涉及一事物与他事物之间的本质关系，即规律问题。毛泽东同志在《实践论》中之所以把事情的本质，注释为"事情的性质和此一事情和其他事情的内部联系"，这可能是原因之一。当然，也可能是因为本质和规律"是同等程度的概念"，规律"就是本质的关系或本质之间的关系"。③ 马克思表述人的本质，说的是人与社会关系之间的本质联系。列宁著作中表述资本主义社会的本质，主要说的是生产的社会化和生产资料的私有制这一基本矛盾的发展规律，以及该社会必

---

① 张同善：《学校教育的本质》，《教育研究》1986年第5期，第8页。
②《列宁选集》第3卷，第736—738页，第753—755页。
③ 列宁：《哲学笔记》，第133、135页。

然向无产阶级专政方面发展的规律。总而言之，讨论教育的本质，不能排斥讨论教育与其他事物之间的本质关系，不能排斥讨论教育的基本规律。

另一方面，既然本质和规律"是同等程度的概念"，表述教育的本质就不宜把所谓"理想因素"包括进去。表述本质和规律，同制订方针、政策应当有区别。本质的表述之所以"能发挥指导实践的作用"[①]，全在于它科学地揭示了事物的本来面目，违反了这一点，就会对实践起消极作用。所以，作为方针、政策，要求学校"遵循受教育者身心发展的规律"进行教育是对的；作为学校教育本质的表述，认为任何学校都必然是"遵循受教育者身心发展的规律"进行教育的，则不符合客观存在的事实。

综上所述，讨论教育的本质，既可以讨论教育的特殊本质，又不能排斥讨论教育的共同本质；既可以讨论教育的本质属性，又不能排斥讨论教育的归属问题（即本质上是什么）；既可以讨论教育的定义，又不能排斥讨论教育的基本规律（即本质的关系）。表述教育的本质，无须限于定义式，但不宜把所谓"理想因素"包括进去。

（原载于《教育丛刊》1986年第3、4期合刊，第24—27页）

[①] 张同善：《学校教育的本质》，《教育研究》1986年第5期，第8页。

论教育目的

一、教育目的的意义和结构

(一) 教育目的的指导作用

教育事业很重要,它关系到国家、民族的前途和命运。人民教师为了做好教育工作,在社会主义现代化建设中作出自己的贡献,自然应当考虑怎样搞好教学,带好班级;但是,做好教育工作,也同做其他任何事情一样,首先得明确这项工作的目的。

马克思说过:"蜜蜂建筑蜂房的本领使人间的许多建筑师感到惭愧。但是,最蹩脚的建筑师从一开始就比最灵巧的蜜蜂高明的地方,是他在用蜂蜡建筑蜂房以前,已经在自己的头脑中把它建成了。……他不仅使自然物发生形式变化,同时他还在自然物中实现自己的目的,这个目的是他所知道的,是作为规律决定着他的活动的方式和方法的。"① 明确自己活动的目的,是人类劳动区别于动物本能活动的特点。目的决定着方式和方法,是人类实践活动的第一要素。

---

① 《马克思恩格斯论教育》,人民教育出版社1979年版,第132页。

教育是培养人才的事业，明确教育目的，就是要明确我们究竟要把受教育者培养成什么样的人才。这是教育工作中的一个根本问题。

教育目的是教育活动的出发点。一切教育活动都是为实现教育目的服务的。所以，确定教育内容，选择教育方法，采用教育组织形式，都要从教育目的出发，使之符合教育目的的要求。

教育目的也是教育活动的归宿。衡量教育质量的高低要以教育目的为标准。检验教育措施是否恰当，也要看对实现教育目的是否有利，成效如何。

培养人才是一项复杂的工作。没有一个明确的教育目的，就不可能把各个教育阶段、各个方面的教育者，组织起来，协同一致，共同努力，达到预期的教育效果，甚至会出现"一人一把号，各吹各的调"那种局面，措施互相矛盾，力量互相抵消。所以，教育目的又是协调各方面的教育力量，共同做好工作的指导方针。教育者对教育目的的理解越全面，越深刻，教育活动沿着正确的方向前进就越有保证。

（二）教育目的的两个方面

教育目的是由互相紧密联系的两个方面构成的。一方面它表明教育要把受教育者培养成社会上的哪一种人，也就是具有何种功能的社会成员；另一方面，它表明教育所要培养的这种人应当具有什么样的素质。

在阶级社会里，一国的统治集团规定某种教育目的，或者一些思想家、教育家倡导某种教育目的，是同他们所代表的那个阶级的利益和要求分不开的，他们必然期望把受教育者培养成适合本阶级需要的某种类型的人。所以，教育目的是有阶级性的。

教育目的的阶级性，首先表现在要把受教育者培养为社会上的哪一种人上面。如我国古代著名的教育家孔子，主张把受教育者培养成君子和士。《礼记》中说，"君子者，贵人也"，即贵族统治者。至于士，则是"生乎鄙野，推选则禄"①的佐治人才。这两种人都是维护奴隶主阶级的统治所需要的。古希腊著名的学者柏拉图提出，理想国的教育应该培养两种人：一种是政府官吏，其中少数出类拔萃的要继续培养为哲学家，担任国家的最高统治者。另一种是保卫国家的军人。培养这两种人都是为了确保奴隶主国家的统治。近代英国的思想家洛克认为，教育目的在于培养绅士，即管理生产，管理国家的资产者。这种教育是为新兴资产阶级服务的。

可是，并非任何教育理论家论述教育目的时，都会直接指明他要培养的是社会上的哪种人。如德国的赫尔巴特说："道德普遍地被认为是人类的最高目的，因此也是教育的最高目的。"② 这就不能从字面上，而必须从赫尔巴特教育思想的实质来看，才能了解到他所要培养的，原来是忠于普鲁士君主制度的臣民。

一些资本主义国家的政府在规定教育目的时，也往往只是笼统地提出培养"公民"或"人民"，避开了究竟要把受教育者培养为社会上哪一种人的问题。如日本1947年《教育基本法》第一条规定，日本教育的目的在于"力求培养身心健全的人民"。③

其实，正如列宁所说，在资本主义国家里，人们是分成阶级的。资本主义的教育，一方面，是培养统治人民的"一个模子倒出来的官吏"，"把科学人才训练成迎合资本家口味来写作和说话的人"。另一方面，是把工农子弟训练成"对资产阶级有用的奴仆，既能替资产阶级创造利润，又不会惊扰资产阶级的安宁和悠闲"。④

---

① 《战国策·齐策》。
② 张焕庭主编：《西方资产阶级教育论著选》，人民教育出版社1979年版，第100页。
③ （日）国立教育研究所编，张谓成、王荐等译：《日本教育的现代化》，教育科学出版社1980年版，第89页。
④ 《列宁选集》第4卷，人民出版社1972年版，第347、349、346页。

然而，我们也应该看到，资本主义教育已经不能像奴隶社会或封建社会的教育那样，主要的只是培养统治人才了；由于生产力和科学技术的发展，它不但要培养科学、技术、管理等方面的专门人才，而且必须培养具有一定科技水平的工人、农民。可见把受教育者培养成社会上的哪一种人，不仅具有阶级性，受社会制度的制约，而且也受社会生产力和科学技术水平的制约。

构成教育目的的两个方面是互相紧密联系着的。为了把受教育者培养成为社会上的某一种人，必然要求使受教育者形成相应的素质。

如孔子为了培养维护奴隶主阶级统治的君子和士，"以诗、书、礼、乐教，弟子盖三千焉，身通六艺者七十二人"。① 可见他在德、智、体、美各方面对学生都有一定的要求，但最主要的则是要能信守奴隶制社会的秩序，所以他特别强调"君子谋道不谋食……忧道不忧贫"，士也应当"志于道"。②

柏拉图为了培养奴隶社会的统治者和军人，主张"为身体的健康而实施体育；为灵魂的美善而实施音乐教育"，青少年要学习算术、几何、天文学，接受军事、体育训练；执掌国政的哲学家还要专门研究辩证法，能根据"绝对真理"来治理国家。洛克培养绅士，也要求使他们成为"有健康的身体"，"在处理自己事务上有德行、有理智而又能干的人"。③

从历史上看，不同的时代、不同的思想家论述受教育者应该形成的素质，其具体内容是各不相同的。在这方面同样可以看到，教育目的是有历史性、阶级性的。可是，就这些素质涉及的项目来看，却不外乎

---

① 司马迁：《史记·孔子世家》。
② 参见《论语·卫灵公》。
③ （苏）康斯坦丁诺夫等著，李子卓等译：《教育史》，人民教育出版社1957年版，第60、62页。

德、智、体、美这几方面,其中德、智、体更是最基本的三个方面。瑞士教育家裴斯塔洛奇所说的"和谐地发展个人的各种能力"时,便指"发展儿童道德、智慧和身体各方面的能力"。①

现在世界各国一般都认为,人的全面发展的思想渊源于希腊。但古希腊所说的"身心既美且善",只是指奴隶主在德、智、体、美几方面的发展。后来,欧洲中世纪宗教的精神奴役,湮没了人的全面发展思想。到文艺复兴时期,才在上层社会中出现一些多方面发展的人物。值得注意的是,随着工商业的发展,早期空想社会主义者托马斯·莫尔提出,"乌托邦"的人们都要在学校里学习生产知识,并实际参加劳动,把教育对象的范围扩大到劳动人民,同时在人的全面发展中增加了劳动智能这一项。至十七、十八世纪,当时资产阶级还处在上升时期,它的一些经济学家、启蒙学者、教育家以及革命活动家,也曾倡导过教育与生产劳动相结合的思想。十九世纪初空想社会主义者罗伯特·欧文在纽拉纳克进行了工厂劳动与教育结合的实验,马克思认为这是"未来教育的幼芽"。

《美利坚百科全书》(1978年版)的"教育"条中说:"观察一下欧美教育的目的,可以找到共同的标准。所有儿童都应该受到教育,这是人的权利。应该培养他们参加政治和经济生活。教育应该贯穿人的一生,并使他们得到全面发展。"日本1947年《教育基本法》也规定:"教育的目的在于全面发展个性。"其实在培养受教育者具有什么样的素质方面,所谓"共同的标准",只是表现为现在世界各国一般都说要使受教育者全面发展,即德、智、体、美、劳等各项素质都得到发展。其所以具有这种共同性,是因为人的素质必须包括德、智、体、美、劳等项,才能适应现代人类社会生活的需要。可是,既然各国都要培养受

---

① 张焕庭主编:《西方资产阶级教育论著选》,人民教育出版社1979年版,第206、207页。

教育者"参加政治和经济生活",而各国的经济发展水平和政治、经济制度又不尽一致,所以在培养受教育者德、智、体、美、劳等各项素质的具体内容和要求上是不一致的。社会主义国家和资本主义国家在培养受教育者具有什么样的素质方面,主要的区别在于其德、智、体、美、劳等各项素质的思想政治方向不同。

二、马克思主义关于人的全面发展的学说

1949年中华人民共和国成立。1950年6月,全国高等教育会议便提出,要培养"全面发展的人"。1952年3月教育部颁发的《中学暂行规程》(草案)和《小学暂行规程》(草案)也规定了对学生"实施智育、德育、体育、美育等全面发展的教育",使学生的"身心获得全面的发展"。可以说,建国以来我国对教育目的的一些规定,都是同培养全面发展的人有关的。

马克思主义关于人的全面发展的学说,科学地揭示了人的全面发展的历史必然性,为社会主义教育应当培养什么样的人指明了方向,是我国教育目的的理论基础。

(一)人的全面发展是共产主义理想的组成部分

共产主义理想不但包括生产资料归全社会公有,把生产力发展到能够满足社会全体成员需要的规模,彻底消灭阶级差别,而且包括"使社会全体成员的才能能得到全面的发展"[1]。建设新社会和造就新人是共产主义理想不可分割的两个方面。甚至可以说,解放生产力,正是为了解放人类,使社会全体成员的身心得到全面发展。

人的身心发展是否全面,取决于社会生产方式。一定的社会生产方

---

[1]《马克思恩格斯论教育》,人民教育出版社1979年版,第72—73页。

式制约着劳动分工，制约着人的实践活动是否全面，因而也制约着人的身心发展是否全面。

恩格斯说："当人的劳动的生产率还非常低，除了必需的生活资料只能提供微少的剩余的时候……分工的基础是，从事单纯体力劳动的群众同管理劳动、经营商业和掌管国事以及后来从事艺术和科学的少数特权分子之间的大分工。"① 这种社会生活中脑力劳动和体力劳动的分工，是阶级划分的根源，也是人的片面发展的根源。"一些人靠另一些人来满足自己的需要，因而一些人（少数）得到了发展的垄断权；而另一些人（多数）经常地为满足最迫切的需要而进行斗争，因而暂时（即在新的革命的生产力产生以前）失去了任何发展的可能性。"② 所以古希腊所说的智、德、体、美全面发展，是被少数剥削者所垄断的。广大劳动群众被迫从事沉重的体力劳动，根本没有自由发展、全面发展的可能性。另一方面，少数剥削者的所谓全面发展，也由于他们的脱离直接生产劳动和阶级偏见，形成另一种片面的畸形的发展。

人的"畸形发展和分工齐头并进，分工在工场手工业中达到了最高的发展。工场手工业把一种手艺分成各种精细的工序，把每种工序分给个别工人，作为终生职业，从而使他一生束缚于一定的操作和一定的工具之上"。③ 如制针工场让工人终身只分担把铁丝拉细、弄直、截断、磨针尖、钻针眼直到装盒等几十道工序中的一个操作。成年累月地重复同一种操作，使工人在身体方面也畸形发展，造成驼背、窝胸等职业病。工场手工业还加深了脑力劳动和体力劳动的对立。从前独立的农民和手工业者小规模地运用的知识、判断力和意志，这时扩大了规模，集中到资本家及其代理人手中。物质生产过程中的智力也成为资本家统治

---

① 《马克思恩格斯论教育》，人民教育出版社1979年版，第199页。
② 《马克思恩格斯论教育》，人民教育出版社1979年版，第55页。
③ 《马克思恩格斯论教育》，人民教育出版社1979年版，第206页。

工人的力量，而同体力劳动分离了。亚当·斯密说，工场手工业中"终生从事少数简单操作的人……没有机会运用自己的智力……他的迟钝和无知就达到无以复加的地步"①。

经过第一次工业革命直到现代新的科学技术革命，从机械化、电气化到自动化，社会生产力有了很大发展。工业由劳动密集型转变为知识密集型，它要求工人掌握科学技术知识，把脑力劳动和体力劳动结合起来。"大工业的本性决定了劳动的变换、职能的更动和工人的全面流动性"。因此，"承认劳动的变换，从而承认工人尽可能多方面的发展是社会生产的普遍规律"②。由于大工业生产发展的需要，由于资产阶级为获取更大利润的需要，以及无产阶级为争取教育权而进行斗争的压力，资产阶级政权实施了普及义务教育和职业教育，并且逐渐增加教育方面的投资。但是，大工业生产提出的使人全面发展的要求，在资本主义世界，包括当代最发达的资本主义国家没有实现。因为在资本主义制度下，生产只是为资本家而不是为工人。"资本主义生产方式的特点，恰恰在于它把各种不同的劳动，因而也把脑力劳动和体力劳动，或者说，把以脑力劳动为主或者以体力劳动为主的各种劳动分离开来，分配给不同的人"③。现在，美国的一些自动化工厂在以较高工资雇佣一些工程师和技师的同时，仍让大量工人停留在低技术水平上，这些人主要是妇女和黑人，给他们的工资分别为旧有工业生产工人工资的二分之一和三分之一。新兴工业中这种低水平的工资，有利于资本家猎取更高的利润。这就是他们在现代化工厂中保持手工工场式分工的原因。

资产阶级虽然意识到现代工业需要科学技术，但是他们认为：

---

① 《马克思恩格斯论教育》，人民教育出版社1979年版，第143页。
② 《马克思恩格斯论教育》，人民教育出版社1979年版，第163页。
③ 《马克思恩格斯全集》第26卷第1册，人民出版社1972年版，第444页。

在工业自动化情况下，除了科学家、工程师与检修机器的技师外，其他普通工人并不需要任何教育，甚至无需阅读、书写与计算的基本知识。未来工业的普通劳工，只要能够查看红灯是否亮着，或能听见汽笛是否吹响就行。有些西班牙籍女工全不识字，正在西德管理自动化的面包厂。她们骑着脚踏车，在面包炉前来回观察，待看到警告讯号时，便报告技师。因为她们不讲德语，所以不用口头报告，只需按钮就行。①

这种分工对工人的身心发展极为不利。由于传送带强制工人高度紧张地劳动，无情地增加了工人的精神负担，造成了许多职业病、工伤事故和劳动能力的早衰。美国的一家电话公司引进新技术后，"工人每天从一个终端机那里领取任务，然后几乎整天做单调的控制工作"。"如果有什么重要部件出了故障，这种颇有意思的排除故障的工作就被管理人员接了过去"。新技术使工人"变得不需要技巧了"。"工人觉得自己的工作失去了人性，自己像个机器人"。麻省理工学院的哈利·塞肯说："如果劳动无法控制技术，那么公司的管理部门就会利用技术来控制劳工。""在劳工眼里，新技术是资方驾驭工人的新工具"。自动化技术的资本主义应用，使工人的片面发展难于避免。②

现代生产已经"在人类历史上破天荒第一次创造了这样的可能性：在所有的人实行合理分工的条件下，不仅进行大规模生产以充分满足全

---

① （美）罗伯特·M.赫钦斯著，姚柏春译：《教育现势与前瞻》，香港：今日世界出版社1976年版，第34页。
② （美）约翰·奈斯比特著，梅艳译：《大趋势》，中国社会科学出版社1984年版，第29—30页。

体社会成员丰裕的消费和造成充实的储备,而且使每个人都有充分的闲暇时间从历史上遗留下来的文化——科学、艺术、交际方式等等——中间承受一切真正有价值的东西"①。生产力的发展已经为社会全体成员在德、智、体、美、劳各方面的全面发展创造了物质前提。然而,在资本主义制度下,现代科学技术革命促进物质财富增长的大部分成果是为垄断资本家所占有的。

> 从1955到1970年,日本工人的实际工资增加了1.2倍,而日本企业的利润却增加了18.5倍。从1967到1976年十年间,美国工人的实际工资增加了5%,而从1975到1977仅仅两年,美国五百家最大公司的利润却增加了39%。现代科技的资本主义应用在使资产阶级更加富裕的同时,使无产阶级更加相对贫困化了。美国现有800万工人无法养家糊口,4 000万人得不到住宅和医疗。所以广大劳动群众受不到足够的教育是毫不奇怪的。福特基金会曾在一份研究报告中说,美国的半文盲有5 700万人,连一个简单的句子也不会读的有3 000万人。学校教育的质量也很成问题,年轻的高中毕业生,甚至大学院校的毕业生不能写出像样的英文或者甚至连简单的算术都做不出。如此缺乏基本的文化水平怎谈得上参加科学、艺术活动,在德、智、体、美、劳各方面全面发展呢?②

另一方面,现代资产者实际上也是资本的奴隶,他们唯利是图,损人利己,思想空虚,道德堕落。恩格斯说过:"由于阶级的对立,统治

---

① 《马克思恩格斯论教育》,人民教育出版社1979年版,第180页。
② 参见《社会主义的过去、现在和未来》和《大趋势》。

阶级在智力上和道德上也畸形发展，而且在很大程度上超过被压迫阶级。"①

由此可见，在阶级社会里，"个人就是受分工支配的，分工使他成为片面的人，使他畸形发展，使他受到限制"②。而实现共产主义的理想，则意味着让个人摆脱阶级社会旧分工的限制，"保证他们的体力和智力获得充分的自由的发展和运用"③。他们在物质生产中能把脑力劳动和体力劳动结合起来，能适应科学技术和生产力的发展变换工种和职业，在社会生活中能积极参加社会活动和公共事务的管理，能从事科学、艺术等活动。这样的人就是在德、智、体、美、劳各方面全面发展的新人。

从前，空想社会主义者也曾倡导过消灭阶级差别，消灭三大差别，"实现体力和智力的全面发展"，"培养体、智、德全面发展的有理性的男男女女"。但他们把理智和公平的主观愿望作为理论根据，把希望寄托在教育万能的空想上面。马克思主义把人的全面发展的学说从空想发展到科学，把社会生产方式制约着人的身心发展这一客观规律作为理论根据，指明了人的全面发展是社会发展的客观需要，而社会发展又为人的全面发展提供了客观可能性，人的全面发展是历史的必然。

（二）人的全面发展是建设共产主义的客观需要

马克思主义认为，无产阶级取得政权后，必须剥夺资产阶级的全部资本，"并且尽可能快地增加生产力的总量"④。因为资本主义所有制束缚现代生产力的发展，因为只有把生产发展到能够满足社会全体成员需

---

① 《马克思恩格斯全集》第 38 卷，人民出版社 1972 年版，第 152 页。
② 《马克思恩格斯论教育》，人民教育出版社 1979 年版，第 57 页。
③ 《马克思恩格斯论教育》，人民教育出版社 1979 年版，第 204 页。
④ 《马克思恩格斯选集》第 1 卷，人民出版社 1972 年版，第 272 页。

要的规模,才能彻底消灭阶级差别。但是"要把工业和农业生产提高到上述的那种水平,单靠机械的和化学的辅助工具是不够的,还必须相应地发展运用这些工具的人的能力"①。

现代生产同手工劳动不同,它"以自然力代替人力,以自觉应用自然科学来代替从经验中得出的成规"②。所以它要求生产者掌握科学技术知识,把脑力劳动和体力劳动结合起来,而不是像手工业那样要求工人有特殊的体力或凭经验掌握手工艺中不可言传的秘诀,因而它不需要像工场手工业那样,使一些工人始终从事同一种职能,从而把这种分工固定下来。它不需要靠使各个工人畸形化来发展社会生产力。

相反,现代工业的技术基础是革命的。机器迅速更新,工艺迅速改进,工序迅速调整,产业结构会变动,各个工种乃至各个部门需要的劳动力也时有增减。它要求生产者能适应机器、工艺、工种以至产业结构的变动,要求"用那种把不同的社会职能当作互相交替的活动方式的全面发展的个人,来代替只是承担一种社会局部职能的局部个人"③。这种人要"懂得整个工业生产的科学基础,而且其中每一个人都从头到尾地实际阅历过整整一系列生产部门"④。

所以即使在资本主义社会里,现代工业也不能只使用缺乏科技知识、光从事一种简单操作的工人了。十九世纪出现的工艺学校、农业学校和职业学校,便是适应机器生产要求改变手工工场式的旧分工而自然发展起来的。二十世纪初,由于电气化需要增加受过技术教育的工人,美、德、英、法等国纷纷设立职业补习学校和工厂学校,其中不少学校能让工人受到"全面的理论和实际的综合技术教育","把职业教育从

---

① 《马克思恩格斯论教育》,人民教育出版社1979年版,第71页。
② 《马克思恩格斯全集》第23卷,人民出版社1972年版,第423页。
③ 《马克思恩格斯论教育》,人民教育出版社1979年版,第163—164页。
④ 《马克思恩格斯论教育》,人民教育出版社1979年版,第212页。

培养狭隘的职业变为准备进行一般的工业劳动"①。第二次世界大战后，随着自动化的进展，直接生产劳动过程中，工人体力消耗和脑力消耗的比例进一步改变。

据研究，这个比例在机械化初级阶段为 9∶1，在中等程度机械化时为 6∶4，而在全盘自动化企业中则为 1∶9。同时，由于科学技术和管理工作在提高劳动生产率中的作用日益增长，劳动力的结构也发生变化。如联邦德国和美国脑力劳动者的人数，分别在 1975 年和 1977 年达到就业人口的 50.1%，超过了体力劳动者的人数。②

现在一些经济发达国家已使中等教育成为义务教育，使高等教育达到一定程度的大众化，职工成人教育也越来越发达。废除资本主义私有制以后，科学技术和生产力的发展速度更快，而发展生产的目的也是为了广大人民群众的福利，不让工人因适应不了技术变革而失业，那就更加需要能适应技术变革的全面发展的生产者。

建设共产主义对人们身心发展的要求，并不限于物质生产方面。马克思起草《共产党宣言》时，把共产主义彻底胜利的希望"完全寄托于……工人阶级的精神的发展"，把无产阶级掌握的政治教育和普通教育的因素看作反对资产阶级的武器。建设共产主义，要以无产阶级取得政权为前提。在无产阶级取得政权后，要剥夺资产阶级、改造小私有制，在发展生产中要坚持共产主义方向。建设共产主义还要求人们积极参加社会公共事务的管理，从事科学、艺术活动。这些都说明，建设共

---

① 《克鲁普斯卡雅教育文选》上册，人民教育出版社 1959 年版，第 234—235 页。
② 参见《国外社会科学动态》和《迎接新技术革命》下册。

产主义必然要求人们在德、智、体、美、劳各方面全面发展。

(三) 实现人的全面发展的条件

阶级社会里人的片面发展有两方面的原因：一是生产力的发展水平低，不能满足社会全体成员的需要，因而不能消灭脑力劳动和体力劳动的分工。二是生产资料的私有制使分工成为剥削阶级奴役生产者的手段，因而即使现代科学技术使生产力发展到了相当高的水平，手工工场式的分工仍然存在。要实现社会全体成员的全面发展，必须消除旧的分工，因而必须推翻资产阶级的统治，然后剥夺资产阶级，改造小私有者，并把生产发展到能够满足社会全体成员需要的规模。在废除私有制，消灭了保持旧分工的剥削阶级，并在发展生产中为消除旧分工创造了物质前提时，下列措施将使社会全体成员的全面发展成为现实：

1. 进行生产教育

使年轻人尽快熟悉整个生产体系，从而能够根据社会的需要或他们自己的爱好变换工种，轮流从一个生产部门转到另一个生产部门。这样生产劳动将能给每一个人提供全面发展和表现自己全部的即体力的和脑力的能力的机会。

2. 各尽所能，按需分配

使社会全体成员共同享受大家创造出来的福利，消灭牺牲一些人的利益来满足另一些人的需要的情况。一方面，任何人都不能把自己在生产劳动中所应参加的部分推到别人身上，另一方面，任何个人都能受到充分的教育，都能积极参加社会公共事务的管理和从事科学、艺术活动。这样就使每个人都能在德、智、体、美、劳各方面全面发展。正如马克思所说，生产劳动同智育和体育相结合，"不仅是提高社会生产的一种方法，而且是造就全面发展的人的唯一方法"①。

3. 消灭三大差别

消灭城市和乡村的差别，从事农业和工业劳动的将是同样的一些人，而不再是两个不同的阶级。这样就能消灭几千年来乡村居民在精神发展方面的闭塞、落后状况。

由此可见，随着共产主义事业的推进，三大差别的消灭，社会全体成员的全面发展必然能够实现。

三、我国的教育目的

依据马克思主义的观点，使人从阶级社会旧分工的限制下解放出来，使人的身心从片面、畸形的发展转变为全面发展，既是共产主义理想的一部分，又具有历史的必然性。建设共产主义必然要求人的身心全面发展，同时又必然能为人的全面发展创造一切条件。然而，正如实现共产主义是一个历史发展过程一样，实现人的全面发展也是一个历史发展过程。共产主义事业在革命发展的各个历史阶段上，对人的全面发展的要求和为人的全面发展提供的条件都是有所发展变化的。与此相适应，人的全面发展的具体内容也必然要有所不同。所以，制订我国的教育目的，必须把马克思主义关于人的全面发展的学说，同我国当前的国情结合起来。

（一）培养社会主义现代化建设人才

如前所述，教育目的是受社会制度以及生产力和科学技术水平两方面制约的。现在，我国已经建立了工人阶级领导的工农联盟为基础的人民民主政权，进行了生产资料所有制的社会主义改造，消灭了剥削制度

---

①《马克思恩格斯论教育》，人民教育出版社1979年版，第159页。

和剥削阶级，从而消灭了脑力劳动和体力劳动的对立。经过三十多年的社会主义建设，我国的经济和科学教育事业都有了很大发展。但由于种种历史原因，现在我国的生产力和科学技术以及教育事业的发展水平，同一些发达国家比较起来还有相当大的差距，更不可能在短期内消灭脑力劳动和体力劳动的差别。当前我国人民的首要任务，是集中力量进行社会主义现代化建设。我国的教育也应当为社会主义现代化培养建设人才。这里所说的建设人才，不仅指经济、科技和文教、卫生、党政军各方面的专业人才，而且也包括工业、农业、商业等各行各业的劳动者在内。也就是说，既要培养以脑力劳动为主的知识分子，也要培养以体力劳动为主的工人、农民。

按照马克思主义的观点，按照科学和工业的最新发展趋势，体力劳动和脑力劳动的本质差别将会逐渐缩小甚至归于消灭，造就出体力劳动同脑力劳动在更高水平上结合的一代新人。但这是远景，我们今天还办不到。科学文化知识和脑力劳动相对集中在知识分子这一部分人身上的状况，在相当长的历史时期内还会存在。同时，今天我国百分之九十以上的劳动者都在从事各方面的体力劳动，社会主义现代化建设的发展也迫切需要提高体力劳动者的素质。所以我们要培养的建设人才，既包括专业人才，也包括体力劳动者。这两种建设人才，都是我国物质财富和精神财富的创造者，这与封建教育、资本主义教育的目的是有原则区别的。

（二）坚持脑力劳动和体力劳动相结合

我国在消灭剥削阶级的同时，已经消灭了脑力劳动和体力劳动的对立。今天我们虽然不可能消灭脑力劳动和体力劳动的差别，却应当根据全面发展的精神，坚持脑力劳动和体力劳动相结合。

随着现代化建设的发展，科学技术的发展，脑力劳动所创造的成果会显得越来越突出。而体力劳动也是不可缺少的，即使将来生产技术水平不断提高，也决不可能从人类社会劳动中完全排除体力劳动的因素，尤其不可能消除那些工艺性的手工劳动，不可能消除特殊环境和紧急情况下的重体力劳动。总之，一切有益于社会的劳动，无论是体力劳动还是脑力劳动，都是光荣的。社会主义社会的体力劳动和脑力劳动，只是分工的不同，劳动复杂程度的不同，决没有高低贵贱之分。以脑力劳动为主的知识分子不能轻视和厌恶体力劳动，以体力劳动为主的工人、农民也要不断提高科学文化水平，在劳动中增加脑力劳动的因素。随着生产力的高度发展和人民教育程度的极大提高，脑力劳动和体力劳动的差别将逐步缩小以至消灭。

毛泽东同志在民主革命时期就强调"知识分子与工农兵群众的互相结合"，希望知识分子"以鞠躬尽瘁的精神献身人民"，"而工农干部亦应重视和信任这种革命知识分子"[①]。在新的历史时期，党和政府也明确指出要坚持知识分子和工人、农民相结合。知识分子只有同工人、农民更好地结合起来，全心全意地为人民服务，才能真正施展自己的才干，充分发挥自己的光和热。广大工人、农民，特别是有熟练技能的老工人和农村能工巧匠的创造性生产实践，是科技进步的丰富源泉。知识分子向工人、农民学习，有利于科学技术的发展。而工人、农民的知识化，不断提高科学技术文化水平，以及由体力劳动为主逐步转变为脑力劳动为主，也离不开知识分子的帮助。

所以，在培养社会主义现代化建设人才的问题上，一定要反对把知识分子看成"异己力量"的错误倾向。尽管知识分子在劳动方式上，同工人、农民有重大差别，但是从总体上说，从取得生活来源的方法和为谁服务来说，都应当明确肯定我国知识分子是工人阶级的一部分。当

---

① 毛泽东：《在边区文教大会上的讲演》，《解放日报》1944年10月30日。

然，也应当注意防止轻视体力劳动和贬低工人、农民的错误倾向。在我们这样一个有几千年封建社会历史的国家，尤其要随时警惕和清除那种"劳心者治人，劳力者治于人"的腐朽观念。

（三）培养德智体全面发展的建设人才

我们所要培养的社会主义现代化建设人才应当具有什么样的素质呢？

依据马克思主义关于人的全面发展的学说，共产主义要使人在物质生产中能把脑力劳动和体力劳动结合起来，能自由变换工种和职能；在社会生活中能参加社会公共事务的管理，能从事科学、艺术等劳动。这就必须使人在德、智、体、美、劳各方面全面发展。在社会主义现代化建设时期培养人才，也应当遵循这一方向。但要从我国当前社会制度和生产力、科学技术以及教育事业发展的实际水平出发，从需要和可能出发，在德、智、体、美、劳各方面的具体要求上，体现时代特点。

《中共中央关于教育体制改革的决定》指出，要"保证学生德智体的全面发展"。我们所培养的社会主义现代化建设人才，不论是劳动者，或是专业人才，"所有这些人才，都应该有理想、有道德、有文化、有纪律，热爱社会主义祖国和社会主义事业，具有为国家富强和人民富裕而艰苦奋斗的献身精神，都应该不断追求新知，具有实事求是、独立思考、勇敢创造的科学精神"。

在知识才能和劳动技术方面，各种不同的人才，还应当具有体现各自特点的素质。各行各业的劳动者，应当"有文化、懂技术、业务熟练"。从事经济工作的专业人才，应当"具有现代科学技术和经营管理知识，具有开拓能力"。从事政治、文化等工作的专业人才，都应当能够适应现代科学文化发展和新技术革命要求。

除了思想品德、知识才能、劳动技术等项以外，作为社会主义现代化建设人才的一个完整的素质结构，还包括身体和审美等方面的素质。我们培养的建设人才，应当具有正确的审美观点和鉴赏美、体现美的能力，具有健全的体魄，进行体育运动的基本能力和良好的卫生习惯。

在人才素质结构中，德、智、体、美、劳都具有各自特殊的功能，都是可以彼此相对独立的要素，但它们又相辅相成互相促进，构成一个统一的整体。"德"使人坚持社会主义的方向，立志为祖国的富强奋勇进取、建功立业。智、体、美、劳各项素质也都要体现社会主义的方向，并以为祖国、为人民服务作为自己发展的动力。"智"使人具有为社会主义现代化建设服务的本领，并且是其他各项素质发展的知识和智力基础。恩格斯认为，道德也是人类知识的一个部门。"体"使人身体健康，有旺盛的精力工作和学习，是其他各项素质发展的体力基础。

德、智、体三项是人才素质结构中最基本的要素。劳、美两项素质也可以看作是德、智、体三者在劳动、技术和审美、艺术方面的表现。这当然不是说，劳动、技术和审美、艺术方面的素质不重要。"劳"使人形成劳动观点和劳动习惯，掌握一些生产技术知识和技能，对德、智、体的发展均有促进作用，并且是把脑力劳动和体力劳动结合起来所必需的。"美"使人具有正确的审美观点，对于发展美好的道德品质十分重要。在鉴赏美、体现美、创造美的过程中，同时也发展着观察能力、形象思维能力和创造能力，并能陶冶性情，促进身心健康。所以，对于"德智体全面发展"，应当把它理解为德、智、体三项中都包含着劳动、技术和审美、艺术方面的成分。

从以上所说，我们要培养哪种人，以及这种人应当具有什么样的素质，就可以看到我国的教育目的，是培养德、智、体全面发展的社会主义现代化建设人才。将来，随着生产力和科学技术的高度发展，随着旧的分工和三大差别的消灭，我们将在更高的水平上进一步培养全面发展的共产主义新人。

四、中等学校的任务和培养目标

教育目的是我国各级各类教育工作均要遵循的要求。有了统一的教育目的，才能使我国各级各类教育事业，从学前教育到高等教育，从学校教育到校外教育，向着一个方向，互相配合，共同培养合格的社会主义现代化建设人才。但由于建设事业需要的人才是多层次、多规格的，教育对象的身心发展水平各有特点，所以各级各类教育的具体任务和培养目标也互有差别。各级各类教育的任务和培养目标，是教育目的的具体化。教育目的也有赖于实现各级各类教育的任务和培养目标，才能得到贯彻。我们高等师范专业的学生，将来主要到中等学校工作，应当对中等学校的任务和培养目标有清楚的认识。

（一）普通中学的任务和培养目标

普遍中学的任务是：为国家培养劳动后备力量，为高一级学校培养合格的新生。这两个任务，都是提高民族素质、培养建设人才所需要的。向高一级学校输送合格的新生，为国家培养更高层次的人才打好基础，是普通中学的重要任务；但是普通中学毕业生多数还是就业，参加各行各业的劳动。

> 从 1977—1984 年的八年中，我国普通高中毕业生的总数为 4 715 万人，而高校招生总数只有 269 万，就业者占毕业生总数的 90% 以上。①

即使以重点中学来说，现在全国各级重点中学普通高中任何一个年

---

① 许海：《普通高中任务问题的探讨》，《教育研究》1985 年第 9 期。

级的学生数都超过了历年高校的招生数,所以它的一部分毕业生同样要就业。而随着九年制义务教育的逐步实施,普通初中毕业生多数也将就业。由此可见,在进行中等教育结构改革,大力发展中等职业技术学校的同时,普通中学仍然要担负双重任务,既要向高一级学校输送合格的新生,又要把千百万初高中毕业生培养成合乎要求的劳动后备力量,输送到各行各业中去。所以仅仅以升学率作为衡量普通中学教育质量的标准是不妥当的。

如果说,普通中学的任务是指普通中学将把学生培养成社会上哪一种人,那么普通中学的培养目标则是指普通中学要培养学生具有什么样的素质。

依据"培养德智体全面发展的社会主义现代化建设人才"的教育目的和普通中学的任务,同时考虑到中学生的身心发展水平,普通中学的培养目标是:使学生具有共产主义的理想,有道德,守纪律,热爱社会主义祖国和社会主义事业,具有为国家富强和人民富裕而艰苦奋斗的献身精神;使学生在小学教育的基础上进一步掌握语文、数学、外国语等课程的基础知识和基本技能,具有一定的生产知识,逐步培养学生具有不断追求新知的热忱,以及自学能力和分析问题、解决问题的能力,具有实事求是、独立思考、勇于创造的科学精神。使学生身心得到正常的发展,具有健康的体质,养成良好的生活习惯和劳动习惯。

普通中学应该使自己的学生,不论将来是就业或升学,都具有这样的素质。

普通中学为了完成自己的教育任务和实现培养目标,必须进行德、智、体、美、劳全面发展的教育。全面发展教育的各个组成部分,都是必需的,并且是相辅相成的。孤立地强调某一部分,轻视和放松其他部分,都是不对的。当然,在学校工作中,有时候也要针对学生中带有倾向性的问题,突出某一部分的教育。这是抓主要矛盾的工作方法问题,其目的还应是使学生更好地全面发展。

学校里的各项教育活动，不论是教学工作、思想政治工作、体育卫生工作、生产劳动或团队工作，它们既着重承担着全面发展教育中某个组成部分的任务，同时又在不同程度上，对学生身心发展的其他方面发生影响。如各科教学，既分别完成智育、美育、劳动技术教育方面的任务，同时又无不与德育有着内在的联系。教学组织得是否合理，以及教室的采光是否合乎卫生要求，又对学生的发育成长有直接影响。所以在各项教育活动中，都不应有只进行某育的"单打一"思想。

为了使每一个学生都能达到培养目标，我们的教育工作必须面向全体学生，不能只抓"尖子"。面向全体，并不是对所有学生提出一模一样的要求，在教育方法上千篇一律。实际上学生是有差异的，思想有先进、后进之分，知识基础和理解能力也有高有低，体质有强有弱，个性和兴趣爱好也有不同。因此，要把全面发展和因材施教结合起来，从学生的实际出发，区别对待，使每个学生都能在德、智、体等各方面得到发展和进步，并且能最大限度地发展他们的才能和特长。

当前，普通中学要十分重视改革同社会主义现代化建设不相适应的教育思想、教育内容和教育方法。我国从家庭到学校以至整个社会，都习惯于只教孩子要听话，而很少启发学生勤想问题，会提问题，勇于创造。在教学方法上，多半是填鸭式的，以灌输为主，让学生大量地死记硬背。在管理上，也是采取一套保姆式的办法。现在我们不但要让学生掌握现代化的科学知识，而且要培养学生独立思考和独立生活的能力。如果不改变陈腐的传统教育思想和教育方法，不从小培养孩子敢于提问题和独立思考的能力，不发扬孩子们的创造精神，就不可能培养适合社会主义现代化建设需要的人才。思想政治工作也要改变一味灌输的老方法，着重启发思考，分辨是非，培养能够适应复杂的社会环境和复杂的国际交往的能力；要培养文明、高尚、健康的生活方式。使学生积极向上、勤奋进取、思想开朗、作风民主；而不墨守成规、安于现状、唯唯诺诺、迷信盲从。

（二）中等职业技术学校的任务和培养目标

社会主义现代化建设不但需要高级科学技术专家，而且迫切需要千百万受过良好职业技术教育的中、初级技术人员、管理人员，技工和其他受过良好职业培训的城乡劳动者。没有一支劳动技术大军，先进的科学技术和先进的设备就不能成为现实的生产力。

职业技术教育恰恰是我国整个教育事业最薄弱的环节。目前许多企业中，高、中、初级人才比例失调。如发达国家工程师与技术员的比例，一般为 1∶3 至 1∶10，而在我们有些企业里，则为 7∶1 或 9∶1，比例严重倒挂。美国工人队伍的技术构成是高级工人占 33%，中级熟练工人占 57%，半熟练工人仅占 4.7%。而我国 4 000 万技术工人中，技术等级很低，非熟练工人的比重很大，高级工人的比例很小，所以，我们必须大力发展职业技术教育。现有中等专业学校和技工学校要充分挖掘潜力，扩大招生，同时要有计划地将一批普通高中改为职业高中，或者增设职业班。

中等专业学校、技工学校和职业学校在进行中等职业技术教育中，是各有分工的。它们各有不同的教育任务。中等专业学校的任务是培养具有中级水平的技术员、工艺员和其他专业人才。技工学校的任务是培养具有中级技术的熟练工人。职业学校的任务是培养初级技术人员和熟练工人。

中等职业技术学校的培养目标，主要是在知识才能和劳动技术方面不同于普通中学。中等专业学校要使学生掌握有关专业的基础理论知识，又具有一定的专业知识和操作技术。技工学校要使学生具有较系统的专业理论知识，并掌握较全面和牢固的操作技术。职业学校要使学生具有较好的文化、专业基础和专业知识，又有熟练的操作技术。各种中等职业技术学校都要着重职业技能的训练，但训练的范围不能太窄，基础教育也要适当配合，以适应长期的广泛就业、进行技术革新和继续进修的需要。在思想品德方面，中等职业技术学校，都要重视职业道德的教育。

（选自储培君、夏瑞庆等编《教育学》，江苏教育出版社 1986 年版，第 60—84 页，原为该书第二章《教育目的》）

第二辑

论教学与师范教育

论教学组织形式

　　教学组织形式所探讨的问题是：为了提高教学效率，应如何把教师、学生组织起来进行教学活动，如何分配教学时间，以及如何利用教学场所、设备等，还要探讨课的类型和结构，以及如何备课、如何上课等问题。这些问题处理得是否得宜，与教学质量和教育事业的发展密切相关。所以，如何恰当地组织教学活动，是教学理论研究中的一个重要课题。

一、教学组织形式的历史发展

　　教学组织形式是一定历史条件的产物。它是随着社会经济和科学技术的发展，依据社会对人才培养的要求，以及教学内容和教学手段等条件的变化而不断发展变化的。在教育史上曾经出现过多种教学组织形式。

（一）个别教学

　　从古代中国、埃及和希腊的学校，直到欧洲中世纪的学校，以至中国封建社会末期的学校，与当时社会经济、文化的发展水平相适应，教学主要采取个别传授的"小手工业"方式。教师向一个个学生授业，学生的年龄和程度不齐，学习的内容和进度也不一致。这种教学形式虽便于因材施教，但每个教师只能教少量学生，教学进度也慢，教学效率不高。从前我国的私塾，即采用此种形式；书院也是以这种形式为主，但辅以自学、讨论和答辩。

(二) 班级上课制

16、17世纪，由于欧洲资本主义工商业的发展和科学技术的进步，要求扩大入学名额，扩充教学内容，增加学科门类，传授自然科学、技术知识，并要求加快教学速度，个别教学已不能满足需要。

于是，在16世纪欧洲的一些学校里，便开始出现编班上课的尝试。到17世纪，捷克教育家夸美纽斯总结了编班上课的实践经验。在其《大教学论》和其他著作中进行了论证和说明。他把个别教学比作"手抄书"，而把编班上课比作教学上的"印刷术"，"一个印刷匠用一套活字可以印出成千成万的书籍，所以一个教师也应该能教许多学生，毫无不便之处"，关键是要合理地组织教学。他认为要巧妙地安排科目和时间，并把学生按年龄和知识水平分班，以便"按学生的年龄及其已有的知识循序渐进地教学"。班级上课制的产生，以集体教学取代个别教学，使教学效率大为提高，是教育史上一次重大的改革和进步。

至19世纪，德国教育家赫尔巴特又依据他对学生心理活动的认识，从观念运动的次序出发，提出"形式阶段"的理论，把课堂教学分为明了、联合、系统、方法四个阶段，即让学生经过感知—新旧知识联系—知识系统化—运用知识这一程序，接受系统的书本知识。这一理论虽然带有机械、保守的一面，但在寻求建立一种比较科学的教学程序方面，是有所前进的。

20世纪40年代，苏联教育家凯洛夫主编的《教育学》，明确提出研究教学问题要以科学的认识论作指导，认为学生掌握知识要经过感知、理解、巩固、应用四个阶段。并在此基础上进一步把课堂教学划分为若干类型，分析了这些课型的基本结构。这对课堂教学组织的进一步科学化起了积极作用。

我国最早采用班级上课制的是1862年在北京设立的京师同文馆。1905年以后，随着科举制度的废除和学堂的兴办，班级上课制逐渐成为我国普遍采用的教学组织形式。

（三）分组教学、道尔顿制和设计教学法

19世纪末，发生了以电力的应用和远距离运输为标志的第二次技术革命，资本主义进一步发展，向垄断资本主义阶段过渡，需要教育培养有能力开拓资本主义事业的人才和有文化、会操作而又驯服的工人。这时欧美一些教育家纷纷批评班级教学不能适应学生个别差异，以及传统学校只重书本知识等弊病，并在欧洲出现了"新教育运动"，在美国出现了"进步教育运动"。他们在改变教学组织形式方面也提出了一些主张，比较著名的有分组教学、道尔顿制和设计教学法。

分组教学一般是在班级上课制的基础上作了些改变。具体的做法有两类：一类是把一个班级的学生按能力分为三组（或五组）后，各组以不同的进度学习同样的教材，至学期或学季结束时重新编班。也有把一个年级分为快班和慢班，学习内容相同，而结业年限不同的。另一类是把一个班级的学生按能力分为三组后，各组学习的内容有多有少，有深有浅，但升级时间、结业年限相同。分组教学的优点，是便于照顾学生学习能力的差异，但由于它往往导致对差生的歧视，被公众视为不民主而趋于衰落。

道尔顿制是美国马萨诸塞州的道尔顿中学于1920年开始创行的。这种教学形式，取消了班级上课制，用各科作业室取代了课堂；学生根据自己的程度，在教师指导下拟定学习计划，在各个作业室按自己的能力和兴趣，自己掌握学习的时间和速度，进行自学，教师只起顾问作用。道尔顿制在适应学生的个别差异、发展学生的自学能力方面有一定的积极作用，但它忽视班级集体的教学、教育功能，有其片面性。苏联20世纪20年代曾经执行的"分组实验法"是道尔顿制的变体，它与道尔顿制一样，教师不直接向学生进行教学工作；与道尔顿制不同之点，则在于学习是由各组学生集体地进行的。30年代初，联共（布）中央认为它"降低教师的作用，并在许多场合忽视每个学生个人的学习"，这两种倾向都是不可取的，因而重新明确了"中小学里教学工作的基本组织形式应当是分班上课"，不过分班上课，"应当包括在教师领导下的全班、小组和每个学生的个别学习"。[①] 也就是说，要在班级上课制的基础上把全班、分组以及个人学习三者结合起来。

　　设计教学法是美国教育家克伯屈在1918年依据杜威"儿童中心""活动课程""从做中学"的思想提出来的。他主张学习目的和学习内容应由学生自己决定，让学生在自己设计、自己负责实行的单元活动中去获得知识和能力。教师的任务，只是引起学生的学习动机，辅导学生设计。这种教学形式，在引起学生的学习兴趣，激发学生的学习动机，锻炼学生的实际工作能力方面，也有它的长处。但由于它破坏了教学内容的系统性，降低了教师的作用，因此不利于学生掌握系统的科学知识。

（四）当代教学组织形式的发展

　　第二次世界大战后，新的技术革命要求培养有知识、适应能力强和富于创新精神的一代人，各国都在进行教学改革的试验，其主要目标在

[①]（苏）达列夫编，逸彬等译：《苏联国民教育法令选集》，人民教育出版社1951年版，第70—71页。

于发展学生的智能和培养尖端人才。在教学组织形式的改革方面，大致呈现出如下趋势：一方面，各种教学形式本身在进一步发展，如班级上课制正在摆脱以教师为中心、以传授知识为主的局限性，而向教与学相互作用的双向活动发展，强调充分发挥学生主动性、积极性，发展学生的智能。分组教学也有了发展，如在班级内部的分组，除了各组学习内容不同的分组，还有学习方法和手段不同的分组，有的借助教学机器或视听教具自学，有的差生由优等生辅导，有的由教师直接帮助。打破班级编制的分组，除了一般的能力分组，还有学科能力分组，即学生不是在同一小组里学习各门学科，而是各门学科都按照学生学习这门学科的能力，进行分组。个别教学也因各国强调培养尖端人才而重新受到一些教育家的重视，并且出现了用电视机和电脑帮助自学的形式。另一方面，则是各种教学形式互相交叉渗透，力求更好地发挥教学形式的整体功能。因为历史上出现的多种教学形式，都包含着或多或少的积极因素，但又都有着各自的缺陷，所以既不能只运用某种教学形式，也不能完全抛弃其他教学形式的配合。但是班级上课这种形式，若干世纪以来一直在各国教学中占有重要地位，采用也最普遍。我国现阶段也是以此作为教学的基本组织形式的，所以下面我们将着重来探讨这一形式。

二、教学的基本组织形式——班级上课制

(一) 班级上课制的特点

班级上课制是把学生按年龄、文化程度编成有一定人数的教学班，按照课程表上课的一种教学组织形式。它有如下特点：

1. 以"班级"作为教学工作的基本单位

（1）教师面向全班几十个学生进行集体教学。所以每个教师能教的学生比个别教学和分组教学多，有利于学校扩大入学名额，有利于普

及教育。但我国目前每班学生数偏多，应适当减少，以便于管理和进行因材施教，这要根据各地师资和设备条件而适当解决，一般不宜超过45人。

（2）学生在一个班级里学习，便于互相学习和交流，并有利于形成班集体。

2. 以"上课"来进行教学工作

（1）各班每门学科有固定的教师，上课是在教师的直接掌握下进行的，所以有利于发挥教师的主导作用。

（2）把各门学科的教学内容，有计划地分成一系列分量均衡、前后连贯而又相对完整的部分，作为每一堂课的教学内容。所以有利于学生通过一系列的课，循序渐进地掌握系统的文化科学知识。

（3）课程表可以按各门学科的性质，规定其合理的上课时间，互相交替，课间有师生休息的时间，有利于提高教学效率。

（4）各门学科都有预定的上课日期和时间，便于教师及早安排教学进度和备课，有利于提高教学质量。

正是因为具有这些特点，所以，与个别教学、分组教学等其他教学形式相比，班级上课制在提高教学质量和扩大入学人数这两方面，都更为经济有效。

但班级上课制也有它的弱点，如由于它要求全班学生在同一上课时间内学习同一内容，不利于照顾学生的个别差异，加以过去只强调教师起主导作用，不重视发挥学生的主动性，因而不利于发展学生的兴趣、特长和独创性；又如它只强调教学系统知识的一面，因而容易忽视学生的实践活动；在理论联系实际方面受到一定的限制。因此，班级上课制仍然需要不断改进，并且要同其他教学的辅助形式相结合，发挥教学形式的整体功能，为完成教学任务创造更好的条件。

（二）课的类型和结构

上课不能只采用同一模式，教学实践中存在着多种类型的课，不同的课型又有不同的结构。原因在于：

第一，课的目的任务的多样性。学生掌握知识、发展能力需要经历感知、理解、巩固、应用等几个阶段。这几道"工序"往往不可能在一堂课里全部完成，而需要经过一系列的课才能完成，其中每一堂课各自完成的"工序"不尽相同。因此，课与课之间就显出差异来。

第二，教材的多样性。有的课题，教材的逻辑要求整堂课或几堂课都用来叙述新教材，或都用来复习、练习……而另一些课题，教材不宜分割而分量也不重，便有必要，也有可能在一堂课中全部（或基本上全部）完成所有的"工序"，这就必然出现不同类型的课。

第三，学生年龄和知识水平的差异。小学低年级学生有意注意力能力差，不能长时间只从事一种活动，一般应更多地考虑课的结构的多样化。相反，在中学高年级则不用变换频繁，而要求在结构安排上相对集中。

因而，由于以上几方面因素带来了教学方法的多样性。如同样是学习新教材的课，由于教法不同而有讲演课、讲读课或谈话课等；同样是运用新知识的课，也有练习课、实验课、实习课等类型的不同。

所以，必须合理安排一系列不同类型和结构的课，互相配合，才能保证教学工作的系统性和完整性，并加快教学进程。

1. 课的类型

课的类型通常是依据课的目的任务划分的。

在中小学里，课的类型大致分为两大类：单一课和综合课。单一课是一节课内主要完成一道"工序"，如新授课、讨论课、实验课、思维训练课、练习课、复习课、作业分析课、考查课等。综合课（又称混合课）是在一节课内完成两个或两个以上的"工序"，即在一节课内把讲授新知识、复习巩固或检查提问、作业练习等放在同等重要的地位交错起来进行，这种课型主要在小学及中学低年级采用。

2. 课的结构

课的结构是指课的基本组成部分（或称基本环节）以及各部分进行的顺序和时间分配。课的类型不同，结构也就不同。在不同类型的课中，常见的几个基本成分是：

（1）组织教学：目的是使学生做好上课的物质和精神准备，集中学生的注意力，激起学生学习兴趣，保证上课正常而有序地进行。组织教学的方式多种多样，如目光巡视、检查出勤情况、检查书籍文具准备情况、用精致的板书吸引学生以及对学生的提示等。组织教学贯穿全课始终，主要应通过生动的讲授、合理的安排和灵活多样的教法，来吸引学生的注意力，以提高教学效果。而如何处理好课堂上的偶发事件，则是教学机智的重要表现。

（2）检查复习及导入新课：目的是使学生把新旧知识联系起来，为学习新知识准备条件。检查的内容可以是上一节课学过的知识，通过检查以弥补学生知识上的缺陷；但更多的是检查与当前新课直接有关的旧知识，以便从已知到未知，借以导入新课。

（3）学习新教材：通过教师系统讲授或学生在教师指导下的自学，使学生理解和掌握新知识，形成新技能。教师要使学生明确学习新知识的意义，并使学生充分感知和理解新教材。

（4）巩固新知识：目的是使学生能将新知识巩固、消化和掌握。方式主要有复述、提问、阅读、习题练习、实际作业、抄写笔记等。

（5）布置课外作业：目的是使学生通过课外的独立作业，进一步加深和巩固对新知识的理解掌握。教师对学生完成作业的目的、要求以及具体做法等要加以适当的说明和指导。

以上是课的基本成分。教师要根据课的类型以及教材、学生年龄、教学方法等具体条件，创造性地规划课的结构，灵活地安排课的组成部分及其顺序和时间量。

3. 关于多种结构的探索

如何安排课的结构，同人们对教学过程中几个基本矛盾的认识有密切关系。人们对教学过程中几个基本关系的认识不同，便在不同的教学思想指导下形成了不同的课的结构理论。在近现代教育史上，存在两种教学结构模式：一种是传统的教学模式，这就是从夸美纽斯开始，到赫尔巴特的"四段教学法"（明了、联合、系统和方法），到苏联综合课的"五个环节"，一直到现代认知学派的主张。这种教学模式主要着眼于传授系统的书本知识，强调教师的权威，强调按逻辑程序组织教材，强调严格的课堂纪律。一种是从杜威到现代新行为主义学派的所谓"现代教学"理论。如杜威对教学进程的划分（情景、问题、观察、解决和运用），因为他把教学过程看作是学生在活动中增长经验的过程，所以强调设置情景和问题，激发学生的兴趣；强调通过学生的活动，通过他们亲身的观察、分析和解决问题来获得知识。

如何使教学结构的安排既符合学科的知识结构，又符合学生的认知结构，符合学生认识的发展过程，这是目前国内外教学研究中的重要课题。我们要以正确的教学思想作指导，总结广大教师丰富的教学实践经验，从而逐步建立起教学结构基本模式的体系，这有待于从理论上进一步探讨，并在实践中不断检验和发展。近年来随着教学指导思想的改变以及对传统教学模式的改革，我国中小学教学中出现了新的教学模式，影响较大的有以下几种：

（1）自学辅导教学：在教师指导下以"学"为主。体现在教学结构序列上：主要是在教师讲授前学生进行读、议、练活动。如，中国科学院心理研究所卢仲衡同志主持的数学自学辅导教学实验。课的基本结构是：启导—读议—练知—评讲。包括启发指导、阅读思考、提问议论、独立练习、查对答案、检查辅导、重点讲解以及总结深化等基本环节。上海育才中学实验的教学程序是："读读、议议、练练、讲讲"。武汉师范学院黎世法同志主持"最优中学教学方式"的实验，等等。这一类教学模式有利于充分发挥学生学习的主动性，有利于培养和发展学生的自学能力。学生经过自己独立思维的过程去消化、理解知识，比单纯听讲得来的知识更为深刻和牢固，而教师指导下的自学能更好地培养和提高学生的阅读能力、表达能力、理解能力、概括能力以及提出问题、分析问题和解决问题的能力。

（2）探究、研讨教学：在教师指导下学生进行发现学习。学生利用已有知识或根据教师所提供的"结构材料"，通过阅读、观察、思考、讨论、实验等多种途径，研究问题，发现事物变化的起因和内部联系，从中找出规律，从而获得知识并发展能力。在教学结构序列上主要体现在让学生像科学家那样经历一个从提出问题—树立假说—收集整理资料—得出结论—检验修正的发现真理过程。如在小学数学和自然教学中，不少学校采用的"探究和研讨方法"，其教学程序：第一步是教师和学生要确定将要学习的概念，然后教师根据概念设计有结构的材料让学生去操作探究（产生前语言思维）。第二步，组织研讨（即转化为语言，研讨时语言又引起思维）。第三步，知识的巩固和应用。上海青浦县一些学校进行的"尝试指导和效果心理效应试验"，采用诱导—尝试—归纳—变式—回授—调节的教学步骤。另外还有引导发现法教学、创造教学、动手探究培养思维能力的教学、四步教学法（即：提出问题—探索猜想—证明—得出结论与推广）等等。这种类型的教学结构有助于使学生主动获取和探究知识，从而学会怎样学习。

（3）结构单元教学：这是目前在北京景山学校等校高年级进行的试验。根据知识的内在联系，以某一章或一章的某几节为一单元，进行整体教学。第一步，自学探究。教师进行简短的提示和引导以后，由学生先自学这一单元的全部教材，做练习，写读书笔记，并提出问题。第二步，重点讲授。讲重点、难点以及这个单元的知识结构和思维方法。第三步，综合练习。运用知识解决一些比较复杂的问题。第四步，自学小结。学生对本单元的学习进行系统的整理和总结。

除以上一些形式外，各个学科还根据各个学科的特点采用了新的教学形式。如发展性外语教学，自然科学的系列课——观摩实验课、科学考察课、逻辑推理课、解暗箱课、科学讨论课、技能训练课和创造性思维课等等。

随着教学实践的发展，今后将会出现更多的新课型。教学工作十分复杂，企图用一两种教学模式来组织全部教学活动是不可能的。一门学科要采用多种教学模式，一个阶段的教材也同样要采用多种教学模式。单一的课型和结构，会导致上课的僵化，束缚教师的创造性劳动。

（三）上课的基本要求

上课是整个教学工作的中心环节，也是提高教学质量的关键一环。上课的基本要求，即一堂好课的基本标志是：

1. 明确教学目的

明确教学目的，是上好课的首要条件。这堂课要完成什么任务，达到什么结果，师生双方都要心中有数。上课有明确的教学目的，教师才能有的放矢，并使学生产生相应的学习要求。教学活动紧紧围绕教学目的进行，才能达成目的，取得良好的教学效果。

一堂课的教学目的，一般包括三方面的内容：一是在使学生掌握知识、技能方面的要求，二是在发展学生能力方面的要求，三是在培养学生思想品德方面的要求。上课的教学目的应是这三个方面有机统一。

制订教学目的，应当符合教学大纲的要求、教材的特点和学生的实际情况，并且要具体、明白、分寸恰当。切忌笼统，失去对上课的指导作用。

2. 科学地组织教学内容

教师要在钻研教学大纲、教材的基础上，认真研究学科的体系，掌握本学科的内在逻辑结构，并结合学生实际，使教学内容组织得既有一定难度，又能突出重点、分散难点和抓住关键。避免离开课本另讲一套，或机械搬用教科书，照本宣科。

3. 恰当地运用教学方法

教学方法的运用是否恰当，很重要的一点是看它能否激发和指导学生的认识活动，从而较好地实现两个"转化"——把人类总体的已知真理转化为学生个体的知识，并引导学生把知识转化为能力。教师决不能满足于向学生"奉送"真理，使学生机械背诵书本上的词句，而要引导学生积极主动地学习和探求，通过自己的观察、实验、推理和论证去获得科学的结论。因此，还要教给学生思考问题的方法，这样才能培养学生独立获取知识和探索、发现的能力。

4. 妥善地安排课的结构

一堂好课，应该有严密的计划性和组织性，把课的结构安排好，使课的进程有条不紊，使一堂课的每一分钟时间都得到充分利用。教师还要机智地进行组织教学，巧妙地集中学生的注意力。

总之，衡量一堂课的成败，归根结底要看学生学得怎么样，收获大小和效率高低。同时，也不能孤立地分析一堂课，要联系已经上过的课和以后将要上的课，依据这堂课在课的体系中应占的特定地位来给予评价。对一堂课的评定，不可求全责备，要鼓励教师勇于创造和积累经验。

（四）上课的准备

备好课是上好课的前提，是加强教学的计划性、充分发挥教师主导作用的重要保证，也是教师提高教学能力的重要途径。

教师的备课主要是做好钻研教材、了解学生和研究教法等几项工作。

1. 钻研教材

首先，要了解教材的编排顺序和前后知识的联系；第二，要透彻地掌握教材中的基本概念及基本理论，熟悉原理的推导过程；第三，要了解教材的体系，掌握教材的重点、难点和关键，明确各部分教材在教材体系中的地位和作用。对教材要能融会贯通，使之成为教师自己的知识体系。教师还要在钻研教科书的基础上广泛阅读有关的参考书，精选一些材料，充实教学内容。

2. 了解学生

为了增强教学的针对性，教师必须全面深入地了解学生。主要是了解他们的学习基础，如他们的知识水平、接受能力、兴趣爱好、思维特点、自学能力、学习方法和学习习惯、学习目的和学习态度、健康状况等，以便确定教学内容的深浅、知识面的宽窄、分量的轻重、进度的快慢，并有的放矢地采取恰当的教学方法和手段。提倡教师建立学生学习的资料档案，逐年积累，以加深对学生的了解。

3. 选择教学方法，设计教学程序

要确定每堂课的目的要求和重点难点，对讲课的方法、采用的教具、提问的内容、板书的编排、实验的程序、作业的布置等作周密的考虑。对重点、难点的讲授还要准备多种教法，以适应不同学生的需要。

在完成上述工作的基础上，要编排出学期的教学进度计划、课题（或单元）计划和课时计划（教案）。

教学进度计划一般包括：说明部分——对课本内容及学生情况的简要分析、教学指导思想、本学期教学应完成的任务及教学改革的措施等。计划部分——教学总要求、教科书的章节（或课题）、各课题的教学时数和日期的安排、各课题需要运用的教学手段等。教学进度计划要切合实际，表述清楚，执行方便。

课题（或单元）计划一般包括：课题名称、本课题的教学目的、课时划分及各课时的课型和主要教学方法、必要的教具。

课时计划，通常称教案。这是更具体、更直接的教学方案。教案内容一般包括：授课时间、课题、教学目的、教学进程、板书设计等。其中教学进程是教案的主要部分，要反映一堂课教学内容的要点及其安排的顺序和重点，主要的教学方法和配合的教学方法，全课的进程和教学时间的分配。教案一般在讲课前三四天至两周内准备好。

课时计划有详略两种。一般地讲，复杂的教材、重点讲析的内容、自编的作业题或作业的新形式要详写，浅显、一般的内容可略写。业务基础知识比较雄厚、扎实，教学经验较丰富的中老年教师可简写，临堂经验较少的年轻教师则要详写。

课时计划不仅是上课的指导，而且是总结和研究教学工作的重要资料。教师课后要依据上课的基本要求对自己上的课作自我分析，并记录在课时计划后面。这是教师不断总结、积累教学经验的好方法，并可供今后备课作参考。

从备课到上课，需要教师构思和设计，需要教师进行创造性的劳动。一方面要善于吸取别人成功的经验，另一方面又要从自己的实际情况出发，勇于创新，不断改进教法，以形成自己独特的教学风格。

三、班级上课的辅助形式和特殊形式

（一）班级上课的辅助形式

班级上课主要是通过课堂教学进行，而以现场教学、课外作业、自学辅导等作为课堂教学的辅助和补充。

1. 现场教学

现场教学，是教师组织学生到生产现场或事物发生、发展现场进行教学。它可以以班级为单位，也可以把班级划分为若干小组进行。

现场教学可以把教材同学生直接观察当时、当地的自然现象和社会现象紧密地联系起来，丰富学生的感性认识。它对理论结合实际，特别是结合生产实际有着重要的作用。通过现场教学，能够使学生更深刻地理解和掌握书本知识，并培养他们运用知识的能力。但由于使学生掌握系统的文化科学知识必须以课堂教学为主，所以现场教学只能作为班级上课的一种辅助形式。

组织现场教学，第一，要有明确的目的。要根据教学任务、教学内容和当时当地的具体条件，确定恰当的课题和目的。第二，要做好准备工作。一方面要与现场工作人员共同拟定计划，研究教学的重点，因为现场可供联系实际的内容往往很广泛，一次最好确定一个课题，不宜轻重不分，分散精力。另一方面，还要使学生为现场观察做好知识上的准备，因为一般学生接触书本知识多，对现场的实际事物了解少。第三，进行现场教学要重视理论的指导。既要使学生了解现场实践活动所依据的理论知识，又要运用现场观察到的事实来验证、说明和补充书本上的知识，从理论的高度分析和认识实际问题。第四，要总结现场教学的经验。

2. 课外作业

课外作业，是根据教学大纲的要求，由学生在课外完成的独立作业。它是课堂教学的延续，其作用主要在于巩固和加深课上获得的知识，形成和发展基本技能与技巧。它对学生掌握独立工作的方法、提高独立工作能力，具有重要作用，对培养学生的意志力、组织纪律性和勤奋学习的精神也有很大意义。

课外作业的种类很多，常用的有下列几种：

（1）口头作业。如朗诵、阅读、复述、背诵、口头答问等。

（2）书面作业。如完成书面联系、书面答问、演算习题、作文、绘制图表、写读书笔记和读书报告等。

（3）实践作业。如观察、实验、测量、参观、社会调查、制作模型和标本等。

课外作业的效果，一方面与课堂教学的质量有直接关系；另一方面也取决于教师的组织和指导。教师布置课外作业，要注意以下问题：

第一，作业的内容要符合教学大纲与教科书的要求。要从帮助学生掌握基础知识、基本技能和培养学生的能力出发，选择有典型性、启发性的作业。但课外作业不能代替上课，不能把课上应完成的工作转嫁到课外作业中去，加重学生负担。

第二，作业的难易要适度，分量要适当。作业的难度以全班大多数学生克服一定困难能独立完成为宜。作业的分量要依据各门学科教学时数与学生自习时间的比例来确定，并要给学生留出课外自由学习的时间。

第三，作业的布置应有具体明确的要求。对作业中的难点可进行必要的指导，但不要代替学生的思考，要鼓励学生在作业的多种解法中寻找最科学、合理的解法。

第四，注意因材施教。在对全班学生有统一要求的前提下，要承认差别。对优秀生可布置较难的补充作业，鼓励创造性思维；对成绩较差的学生，应加强辅导，查漏补缺，指导他们改进作业方法，增强他们独立完成作业的信心。

第五，与家长配合，培养学生完成作业的良好习惯。如在复习、理解课堂教学内容的基础上进行作业，按时完成作业，独立完成作业，对作业进行自我检查等。

为了及时了解学生的学习情况，对学生的课外作业应及时进行检查、批改和评定。

3. 个别指导

班级上课主要从大多数学生的共性出发进行集体教学，但实际上一个班级的学生在学习上总是存在着差异的，因此在集体教学的基础上加强个别指导，对于发现和培养优秀人才，以及防止和克服学生成绩落后现象，都具有重要意义。但由于个别指导要花费教师较多的时间和精力，而受到直接指导的人数有限，因此只能作为集体教学的辅助。

个别指导主要是通过教师对学生进行辅导、指定补充作业或参考书、答疑或补课进行的。由于现代化教学手段的应用，教师还可以通过录音、录像等设备指导个别学生学习。

（二）班级上课的特殊形式——复式教学

1. 复式教学的特点

所谓复式教学，是在一节课上向同一课堂里不同年级的学生同时进行教学。这种特殊形式适用于学生少、教师少、校舍和设备不足的学校。我国的一些偏僻山区和农村，有不少小学都采用这种形式。目前和今后相当长的阶段内仍然重要。

复式教学保持了班级上课制的本质特征，但又具有自己的特色：

（1）教师向每个年级进行直接教学的时间少，所以教学更要注意抓住重点、难点，讲清最基本的知识。

（2）学生自动作业、预习、复习的时间多，有利于减轻学生学习负担，有利于发展学生的智力和独立学习、独立工作的能力。

（3）需要设"小助手"。小助手的工作，主要是帮助教师组织学生自动作业；但同时也有利于小助手本人锻炼独立工作能力，培养乐于为同学服务的品德。

2. 复式教学的组织

实践证明，复式教学的效果不一定比一般班级教学差，关键要从教学的特点出发，做好各方面的组织工作：

（1）合理编班。一般以二复式为宜，三复式为限。复式教学的编班有几种方式，采用高低年级交叉编班，可以减少一些干扰，增加教师对低年级学生直接教学的时间，并保证教师跟班走。采用一、二年级编班，三、四年级编班，由于学生年龄相近，教学方法等许多措施可以比较一致，便于管理领导。有些学科，如音乐、体育、图画等还可以不分年级，全班同时学习同一内容，课外活动更可以统一进行。

与编班相联系的是座次排列问题。复式班如何排列座次，对教室管理、小组活动、直接教学活动都有影响。一般有四种排列法：纵式排列、横式排列（用得极少）、多式排列（每个年级各占教室的一面或一角，圆形、半圆形、扇形或三角形，随着课程需要而变动。它适用于十分宽大的教室）、二部排列（两个年级相背排列，它适用于狭长教室）。教师应视具体情况，选择适宜的座次排列方式。

（2）编制复式班课表，处理好直接教学与自动作业之间动静搭配关系。一是合理拟定动静的次数。一般讲，每个年级的直接教学次数以1~2次为宜，常见的两个年级的复式班应是一个年级的"二动一静"和另一个年级的"一动二静"交替进行。有经验的教师往往在"长动"中穿插"短静"，在"长静"中穿插"短动"，应避免一静到底或动静交替频繁。二是精心设计动静顺序。如低年级适宜先直接教学，就学科而言，适宜先语文后数学，各门学科合理搭配。三是周密安排动静的时间。总之，要使各个年级的学生都能在教师的安排下有组织地学习。

（3）组织学生的自动作业。这是复式教学能否搞好的关键之一。自动作业的分量和时间要估计准确，使之与直接教学刚好衔接。作业的性质要尽可能避免同其他年级的直接教学或作业相冲突，以免互相干扰。作业的方式要更富于变化，一般还应多安排动手性质的作业，少安排默读之类的作业。作业的内容、方法及其答案，力求简明、精确，一目了然，便于检查。为了布置多种作业，须有必要的设备和教具，如卡片、小黑板之类。并预先写好，以节省时间。

（4）培训小助手。复式教学中，一般要依靠小助手帮助检查课前准备工作，组织班上学生复习，做作业以及维持课堂秩序等。为了充分发挥小助手的作用，一方面要在工作方法方面作指导，帮助小助手树立威信；另一方面要加强思想教育，防止其骄傲自满，脱离群众。

（5）建立良好的课堂常规，培养学生良好的学习习惯。如上课时不高声讲话，按照要求独立完成作业，自己检查作业等。

（选自常春元、黄济、陈信泰编《中国社会主义教育学》，江苏教育出版社1987年版，第317—335页。原为该书第12章《教学组织形式》）

论人民教师的职业道德

任何职业道德，都是保证从业人员得以做好本职工作的必要条件。师德是教师的职业道德。它同其他行业的职业道德一样，其意义在于规范从业人员的行为，使其能适合本职业的要求。

然而，师德还具有和其他职业道德不同的特殊意义。教师的思想品德是具有表率作用的。它对受教育者的道德面貌，乃至对整个社会的风气，都有着深刻的影响。所以，在思想品德修养方面，人们对教师的要求，往往比对其他行业的人员的要求更高。

社会主义的一个重要特征，是以共产主义思想为核心的社会主义精神文明。社会主义的现代化建设，要求人民教师以革命的理想、道德和纪律教育年青一代和人民群众。因此，人民教师不但要继承历史上教师的传统美德，而且要把师德提高到前所未有的新高度。

人民教师的道德规范，是共产主义道德在教师职业中的具体表现。它既贯穿着共产主义道德的精神，又带有人民教师的职业特点。在党的领导下，我国已经有很多优秀教师，在实践中把这种师德具体化了。

依据共产主义道德的精神和教师职业对人民教师思想品德的要求，依据许多优秀教师的道德实践，人民教师的道德规范，大体上有以下几方面：第一，对工作，要忠诚党的教育事业。第二，对自己，要以身作则，严以律己；要好学不厌，勤于进取。第三，对他人，要热爱学生，诲人不倦；要团结同事，同心协力。

(一) 忠诚党的教育事业

忠诚党的教育事业，就是要热爱教育工作，要坚决贯彻党的教育方针，尽自己的最大努力，克服种种困难，做好教育工作。这是人民教师职业道德的集中表现，是其他各条师德规范的基础。

忠诚党的教育事业，是人民教师职业的重要性和艰巨性所要求的最基本的师德规范。

1. 党的教育事业的重要性

教师使前人的知识经验得以加速传递给年青一代，他是过去通向未来的桥梁。教师使文化科学知识日益普及，使科学技术的新成果为更多的人所掌握，他是社会精神财富和人民群众之间的纽带。社会生产力越发达，科学技术的进展越快，教师传递和推广文化科学技术知识、开发智力的作用，就显得越重要。

党的教育事业，推动社会向着共产主义理想前进的事业，是无产阶级革命总战线中一条不可缺少的重要战线。它对社会发展的促进作用，是任何剥削阶级的教育事业所不能比拟的。毛泽东同志在抗日战争时期，就曾号召教育工作者忠诚党的教育事业。

在新的历史时期，党的教育事业为四个现代化培养各种专业人才，提高全民族的科学文化水平，是建设物质文明的战略重点之一。党的教育事业以革命的理想、道德和纪律，教育年青一代和人民群众，是建设社会主义精神文明的组成部分；它对物质文明的建设，既有巨大的推动作用，又有保证其社会主义方向的重要作用。

列宁指出,"为巩固和完成共产主义事业而斗争,这就是共产主义道德的基础。"① 忠诚党的教育事业,是人民教师为共产主义事业奋斗的具体表现。

党的教育事业,不但关系到社会主义的兴衰和成败,而且关系到千家万户人民群众的切身利益。宪法给予公民的受教育权利,年青一代在德智体等方面的全面发展,人民文化生活的改善,都得有党的教育事业来保证。人民群众十分关切下一代的成长,也无不希望自己的子女能受到良好的教育。而每个孩子的知识技能的增长,智力体力的发展,思想觉悟的提高,道德品质的形成,又都离不开人民教师的辛勤劳动。教师在学生的身心发展中起着主导作用。所以,忠诚党的教育事业,也是人民教师全心全意为人民群众服务的具体表现。

党的教育事业的重要性,要求教师在工作中具有强烈的责任感、自豪感,热爱教育事业;具有坚强的意志,不怕任何艰难险阻,把自己的全部精力,贡献给党的教育事业。

2. 人民教师劳动的艰巨性

党把培养一代又一代社会主义新人的重任,付托给人民教师。这的确是一项光荣而又艰巨的工作。为了做好这一工作,人民教师必须坚持党的教育方针。离开了党的教育方针,就谈不上忠诚党的教育事业。建国以来的历史经验和我国当前的现实情况告诉我们,要正确地理解和贯彻党的教育方针,很不容易:既要克服"左"的错误,又要战胜右的干扰;既要克服思想上的片面性,又要同剥削阶级教育思想的影响的作斗争。

党的教育方针,要求我们使受教育者在德智体等方面得到全面发

---

① 列宁:《青年团的任务》,《列宁选集》第4卷,人民出版社1972年版,第344—360页。

展，成为有社会主义觉悟的、有文化的劳动者和又红又专的人才。人民教师要通过教学、课外思想工作以及劳动、课外活动、团队活动等许多途径，进行德育、智育、体育等各方面的教育，任务是很繁重的。

以智育来说，科学技术在迅速发展，教师要不断吸取新的知识，不断改进教学方法，提高教学效率。既要使学生扎扎实实地掌握知识，又要发展学生的智力，培养学生的自学能力和创造能力。教师还要指导学生的课外学习活动，开拓他们的眼界，激发学生更高的求知欲，帮助他们的才能得到最大限度的发展。教师要能判断学生的发展趋向，尽早发现未来的"千里马"，努力培育未来的"千里马"。

以德育来说，学生思想品德的发展，要受到学校、家庭、社会多方面的影响。教师要及时地了解和准确地评价学生思想上的变化，采取相应的措施。单在课内进行德育是不成的，教师要照顾到学生的全部生活和活动。要培养学生集体，指导学生集体的活动，要与学生的家庭联系，与学生周围的有关单位联系。教师的工作，不能限于上班的时间，也不能限于学校的范围。

教师工作的对象，是正在成长、不断变化着的年青一代，是有思想、有感情的人。教师的劳动，不能像物质生产那样，按照固定的工艺流程，用一个模子来铸造统一型号的产品。教师要考虑每个学生的特点，掌握每个学生的动态，鼓励优秀生努力攀登，促进后进生加速转化，使每个学生对自己的未来充满信心，积极上进。

教师既是设计新一代人的工程师，又是塑造新一代人的艺术家。只有把科学性和创造性结合起来，才能完成党托付给自己的使命。

教师职业的艰巨性，要求教师自觉地劳动，极端负责，极端热忱。忠诚党的教育事业，是共产主义劳动态度在教师职业中的具体表现。

3. 教师劳动成果的特殊性

党的教育事业，意义十分重大。但是，"十年树木，百年树人"，教师对社会的贡献，在短时期内，并不像立竿见影那样明显。人民教师的劳动，十分艰巨。但是，他的劳动成果，是表现在学生身心发展上面，并不像工农业产品那样可以供人享用，也不像科学论文、技术图纸、文艺作品那样，可以供人应用和欣赏。所以，教师劳动的价值，并非人人都能充分理解的。不但旧社会教师生活清苦，受人讥笑，俗话说"家有三斗粮，不当孩儿王"；即使在新社会，也有人轻视教师工作，以为总没有其他工作吃香。有的教师也妄自菲薄，或见异思迁。这些，当然是不正确的。党的教育事业，是光荣而豪迈的专业。1939年，毛泽东同志在中国女子大学开学典礼上就曾提出，希望教职员同志，"要安心工作，要有准备长期工作的决心。我们党应该有很多专门从事教育工作的人"[1]。

教师劳动成果的特殊性，以及教师劳动价值的不易被理解，要求教师排除私心杂念，只把学生的进步，把为祖国输送人材，看作自己的莫大幸福。忠诚党的教育事业，是人民教师一心为公，毫无自私自利之心的具体表现。

（二）以身作则，严以律己

教师的思想品德，对学生有潜移默化的作用。对于可塑性、模仿性强的年青一代，影响尤其深刻，甚至会给学生心灵上留下不可磨灭的痕迹。加里宁说："教师的世界观，他的品行，他的生活，他对每一现象的态度，都这样或那样地影响着学生。"[2] 这是不容否定的客观事实。

教师负有塑造学生精神面貌的使命，要自觉地用自己的榜样去诱导

---

[1]《毛泽东同志论教育工作》，人民教育出版社1958年版，第38页。
[2]（苏）加里宁著，陈昌浩等译：《论共产主义教育和教学》，人民教育出版社1957年版，第177页。

学生。乌申斯基说："只有性格才能养成性格。"教师本身的高尚品德，是巨大的教育力量，其作用远远超过口头上的劝说和训诫。

高尚的品德修养，也是教师在学生中树立威信的必要条件，因此也是顺利进行教育工作的必要条件。孔子说过，"其身正，不令而行。其身不正，虽令不从。"①

由此可见，教师的思想品德，不仅是个人修养问题，而且直接影响着许多学生思想品德的发展。所以，对于教师来说，以身作则，严以律己，也是一种职业道德。正如胡耀邦同志所说"要有高尚的道德品质和崇高的精神境界。"

人民教师要树立坚定正确的政治方向。热爱党，热爱社会主义。维护党的威信，维护祖国的尊严。遵守党纪国法，同一切剥削阶级的思想作风作斗争，抵制国内外资本主义腐朽思想的侵蚀。

人民教师要正确处理政治与业务的关系。关心政治，重视自己的思想品德修养，努力钻研业务。

人民教师要确立崇高的生活目标。革命第一，工作第一，他人第一。艰苦朴素，谦虚谨慎。热爱真理，坚持真理。

人民教师要养成沉着、果断、冷静、耐心的工作作风。

人民教师要关心集体，模范地遵守规章制度。要养成劳动习惯，尊敬工农群众，爱惜劳动成果。

人民教师要仪表端庄，谈吐文雅，举止得修，讲究卫生。

人民教师要言行一致，表里一致。

（三）好学不厌、勤于进取

各种职业无不要求从业人员熟悉业务，精益求精，不断提高工作效

---

①《论语·子路》。

率。如果只有做好工作的愿望，没有完成任务的本领，或满足于现有成绩，停步不前，都不利于做好本职工作。而教师的业务水平，又关系到学生学业的进步。所以，我国古代早就有"教学半"的说法。教师职业的特点是一半教育别人，一半自己学习，所谓"教学相长"（《学记》）。如果为人师而不好学，知识浅薄，误人子弟，则是对学生和学生家长不负责任，有违师德。人民教师担负着为社会主义现代化建设培养人材的重任，更加应当好学不厌，努力提高业务水平，把它看作对党对人民的一种义务。

胡耀邦同志说，人民教师"要努力学习，掌握比较渊博的知识"，然后才能从中提取精华，深入浅出、生动活泼地教给学生。苏霍姆林斯基曾对教师说过："在你的科学知识的大海里，你所教给学生的教科书里那点基础知识，应该是沧海一粟。"① 青少年、儿童对世界充满着好奇心，什么都想知道。如果教师没有比较渊博的知识，就不能恰当地回答学生的各种各样问题，鼓舞他们的求知欲，发展他们的兴趣和爱好。

教师的知识，不能局限于自己所教的学科。"教然后知困"，自己没有的知识固然没法教给学生，自己有了的知识教给学生也未必容易。所以《学记》里就已经指出，"君子既知教之所由兴，又知教之所由废，然后可以为人师也"②。教师必须懂得教育之所以成功或失败的道理。正如胡耀邦所说，人民教师一定"要认真研究、掌握教育科学，懂得教育规律"。

做好教育工作是不简单的，但是做教育工作的知识才能是可以通过学习取得的。关键在于要有勤学苦练的精神。时代在前进，人类的知识

---

① （苏）苏霍姆林斯基著：《给教师的建议》（下），教育科学出版社1981年版，第87页。

② 《礼记·学记》。

总量在迅速增长，教育工作的改进提高刻不容缓，并且是没有止境的。教师前进的脚步也永远不能停顿。人民教师必须好学不厌，勤于进取，不断开拓和更新自己的知识。

业务学习方面的成就，必须有思想品德方面的修养来保证。许多优秀教师在业务学习方面，都是抱着在工作中有所成就、有所创造的宏愿，勤奋刻苦，勇于探索，永不自满、锲而不舍的。他们的学风，对于学生来说，也是一个极好的榜样。如果教师希望学生好学上进，自己却懒惰成性，故步自封，不学无术，那是谈不上教好学生的。世界上从没有教师不好学，而能使学生认真好学的。毛泽东同志说，教育者要"一面教，一面学，一面当先生，一面当学生。要作好先生，首先要作好学生"①。

许多优秀教师对于自己所教的学科，十分爱好。他们节衣缩食，买书籍，订报刊，为的是吸取更多的知识，以科学文化知识的新成果来充实自己的教学。学习有了心得，便想着如何教给学生。他们抓紧时间，认真钻研教育理论、教育技术。对于教过许多遍的课文，也一丝不苟，仔细备课。不断研究怎样加强教学的思想性，怎样把艰深的内容讲得更明了，把枯燥的内容讲得更生动。带过许多班级的班主任，接收一个新的班级，照样兢兢业业，殚精竭虑，细致地考虑怎样适应新一代学生的特点，把班级带好。他们夜以继日地学习、钻研，耗费许多时间和精力，数十年如一日，为的是帮助学生攻克知识堡垒，为的是寻找打开学生心扉的钥匙。

（四）热爱学生，诲人不倦

学生是教师工作的对象，是教师工作成果的体现者，又是教师的智

---

① 《毛泽东选集》第 5 卷，人民出版社 1977 年版，第 407 页。

慧和品德的继承人，是教师精神生命的延续。所以自古以来，著名的教育家无不热爱他们的学生。我国古代的孔子对学生就非常热爱和忠忱。他说："爱之能勿劳乎？忠焉能无诲乎？"① 他"诲人不倦"的师德风范，历来为人们所称道。

今天人民教师的学生，或者是正在成长的年青一代，他们是祖国的未来，是共产主义事业的接班人；或者是已经参加工作的人民群众，他们正在为社会主义现代化建设贡献力量。对于这样的学生，人民教师更加应该热爱他们，关怀他们的成长和进步。在社会主义社会人民内部，人与人之间，前辈人与后辈人之间，都应该是友爱团结的同志关系。人民教师热爱学生，就是这种关系在教师职业中的具体表现。

人民教师的职责，是教好学生。而热爱学生则是做好教育工作的前提。教师真诚地、一贯地热爱学生，终将激起学生对教师的爱戴和信赖。亲切友好的师生关系，是师生心灵间的通道。师生关系融洽，学生愿意主动配合教师的教学，乐于接受教师的教诲，哪怕受到教师的批评，也心悦诚服，或惭愧自疚。这样，教育工作就如顺流而下，易于见效。反之，师生关系冷漠，甚至对立，学生接受教师的教育就往往是被动的、不得已的，甚至会发生抵触。这样，教育工作就如逆水行舟，事倍功半，甚至毫无效果可言。

热爱学生，也是培养学生健康的社会情感所必需的。人们对他人、对集体、对社会的情感健康与否，往往同他感受到的人情冷暖有关。教师热爱学生，不仅能激起学生对教师的爱戴，而且能通过迁移作用，发展学生对同学、对他人亲切友好的情感。学生对学校、班级集体的情感也往往同对教师、班主任的情感联系在一起。教师热爱学生，有利于培养学生热爱学校、热爱班级集体的情感。

---

①《论语·宪问》。

一个常常遭受冷漠、歧视、打击，感受不到温暖、亲切、爱护的人，容易产生被遗弃、被孤立的感觉，滋生对他人、对集体、对社会的冷漠、仇视态度。许多优秀班主任，对这样的后进生待之以爱，动之以情，收到了良好效果。一方面是因为亲密的师生关系打开了后进生的心扉，另一方面也是因为教师的温暖医治了他们心灵上的创伤，转变了他们的社会情感。

热爱学生，就要接近学生，了解学生，对他们关心，给他们帮助，同他们建立友谊，做他们的知心朋友。其中最主要的，则是要满腔热忱地关怀学生德智体等方面的健康成长，积极地耐心地教导他们。学生有进步，要给以鼓励；有缺点，也要善意地帮助。教师要有甘当"人梯"的精神，希望学生青出于蓝，尽一切努力促进学生更快地成长。教师要独具慧眼，在常人中发现英才；要辛勤浇灌，把幼苗培育成栋梁。许多优秀教师为了教好学生，一心扑在学生身上，废寝忘食，令人感动。毛泽东同志说："对自己，'学而不厌'，对人家，'诲人不倦'，我们应取这种态度。"[①]

热爱学生，与严格要求学生是一致的，不严格要求，就不能使学生有长足的进步。热爱不是溺爱，对学生的弱点和过失，也不能姑息和放任。但是，教育态度应当和蔼，平心静气，循循善诱，使学生如坐春风，心情舒畅。要信任学生，相信学生有上进的愿望，有提高自己品德学业的潜力，有了缺点错误能够改正。要尊重学生，以平等的态度同学生讨论问题，交换意见，虚心听取学生的批评建议。批评教育学生，不能采用挖苦、辱骂、体罚等有损学生自尊心的做法。在高等学校，更要注意发扬学术民主，尊重学生的学术见解。

学生各有特点，依据学生不同的素质、才能、特长、志趣、性格，

[①]《毛泽东选集》第2卷，人民出版社1966年版，第500页。

因材施教，培养多种多样、各具特色的人才，是正确的。但是，对待学生的态度，应当公正。不能因私人关系或学生智力高低、成绩优劣，而偏爱偏恶，或亲或疏。对后进生要真诚相待，热情帮助，不能歧视打击，以致影响师生关系，造成学生心理的畸形发展。

（五）团结同事，同心协力

古代学校培养人才无分中外，大多是由个别教师单独负责教育学生，教师劳动的个体性较强。随着科学文化的发展，教育逐渐分化为学前教育、初等教育、中等教育、高等教育等若干阶段，课程逐渐分化为多种学科。培养人才也逐渐演变为由相互衔接的各级学校、由相互关联的各科教师，共同负责教育学生，教师劳动的集体性增强了。虽然备课、上课、与学生谈话等许多工作，仍然有相当多的个体劳动形式，但总的说来，把学生培育成材，却决不是个别教师，甚至也不是个别学校，所能单独承担的了。

在社会主义社会里，培养人才的共同目标，把各级学校、各门学科的教师联结在一起了。教师间必须互相支持，互相配合，才能把教育工作做得更好。在一个学校里，尤其要形成坚强的教师集体，协同一致地教育学生。团结同事，同心协力，是集体主义精神在人民教师职业中的具体表现。

教师要遵循学校领导机构的决定进行工作，要照顾全局，不能强调自己所教的学科，或强调自己个人的特长，而破坏教学计划和教学大纲的贯彻。要同有关单位或有关人员真诚合作。各级学校之间，各科教师之间，教师与班主任之间，都要互相配合，共同完成教育计划。

要维护教师集体的团结，积极参加教研室、年级组的集体活动。互相尊重，互相学习，互相帮助，交流经验，取长补短，共同提高。扫除旧社会文人相轻，互相猜忌，互相拆台的坏习气。

以上五点，大体上概括了人民教师职业所要求的师德规范，是人民教师对工作、对自己、对他人所应当遵循的行为准则。在教师中提倡职业道德，增进教师的师德修养，对于保证做好教育工作，为学生树立良好的榜样，推动社会风气的好转，都具有重要意义。

[原载于《苏州大学学报》（哲学社会科学版）1983年第2期，第72—77页]

陶行知师范教育思想的形成和发展

陶行知（1891—1946）是我国现代史上一位伟大的人民教育家。他生活在半封建半殖民地的旧中国。为救国救民，为改造传统教育、洋化教育，建立适合国情的人民教育事业，奋斗了一生。

他在改造中国教育的实践中，特别注意师范教育这个重要环节。他在筹办晓庄师范时曾经表示："我从前曾经为师范教育努力。现在正是为师范教育努力，以后仍是继续为师范教育努力。"[①] 他的生活教育理论也是在晓庄师范开始试验和逐步形成的。陶行知在异常艰难困苦的条件下，坚持开拓人民教育事业所表现出来的崇高品质，更是师德的光辉典范。他在师范教育领域中为我们留下的思想财富，是十分丰富的。

为了借鉴陶行知的师范教育思想，办好具有中国特色的社会主义师范教育事业，我们在具体阐述他关于师范教育的各个重要思想观点之前，有必要首先从总体上考察一下陶行知师范教育思想的形成和发展过程。

[①] 陶行知著，江苏省陶行知教育思想研究会、南京晓庄师范陶行知研究室编：《陶行知文集》，江苏人民出版社1981年版（以下简称《文集》），第167页。

一、从提倡"新教育"到初步形成自己的师范教育思想体系 (1917—1926)

陶行知出生在清朝末年。那时资本主义列强对中国的侵略和掠夺,日甚一日。清政府对外屈膝投降,丧权辱国,对内残酷地剥削和压迫广大人民。爱国之士无不为国家和民族的前途担忧,力谋救亡图存。1907年陶行知在徽州崇一学堂上学时曾说:"我是一个中国人,要为中国作出一些贡献来。"辛亥革命以后,陶行知在金陵大学写的毕业论文中,力主民主共和。"国民全体同心同德,勠力以襄国事"。而"同心同德,必养成于教育"。1915年陶行知在美国获得硕士学位后,转到哥伦比亚大学师范学院专攻教育。1917年他离美回国,曾表明他的志愿就是"要使全中国人都受到教育"。可见陶行知早在学生时代,就已立志为国为民从事教育工作了。

1917年9月,陶行知到南京高等师范学校任教授。南京高等师范学校并入东南大学后,他担任教育科主任、教育系主任,直到1923年8月。陶行知的教育实践,是在师范学校开始的。在此期间,陶行知着手考察中国教育的现状,探索中国教育改造的途径,他主张把"教授法"改为"教学法",推行学生自治,提倡女子教育和"生利主义的职业教育"。但从他那时着重提倡的"新教育"看来,还是以引进美国的,特别是哥伦比亚大学教授杜威的教育观点和方法为主。在师范教育方面,他那时提出的主要论点有:

1. 要从关系国家前途的高度,充分理解师范教育的重要性。

陶行知认为,国民的素质是"立国的要素"。而"要造成适当的国民,须有适当的教员";教员的养成,又靠师范教育。所以,"师范学校负培养、改造国民的大责任。国家前途的盛衰,都在他手掌之中"[1]。

2."我们应当有广义的师范教育"[2]。

陶行知认为我国教育行政人员、办学指导人员没有经过必要的培养,是教育不发达的重要原因之一;所以师范教育不能限于培养教师。凡教育界所需要的各种人才,如教育行政人员、教育视导人员、学校行政人员、各种教员,还有教育研究人员,都应该培养。

陶行知还强调在职教师的进修,我们也可以把它视为广义的师范教育。这里面包括以下几种情况:

(1) 对未受过师范训练的教师。"要求办师范教育的人给他们补充学识的机会"[3]。

(2) 对已经毕业的师范生,"师范学校有继续培养的责任"[4]。

(3) 对所有在职教师,"当使有进步的机会。……能进步,然后教材才丰富。教授法才生动"[5]。

3."应培养乡村教员,以应济乡村的特别需要"[6]。

陶行知在调查中发现,"现在师范多设在城市,……乡下学生入师范后,都不愿在乡下做事"。因此主张"好多师范学校,应当设在小镇上",一方面接近乡村环境,一方面可以得到在乡村实地教学的机会。[7]

4. 师范学校要办得具有师范专业的特点。

陶行知认为,师范学校首先要培养学生具有专业精神。1919年他在浙江第一师范学校讲演时指出,办"新教育"的新教员,第一,"要

---

[1] 陶行知著,华中师范学院教育科学研究室主编:《陶行知全集》第1卷,湖南教育出版社1984年版(以下简称《全集》),第166页。
[2]《文集》,第46页。
[3]《文集》,第49页。
[4]《全集》第1卷,169页。
[5]《全集》第1卷,119页。
[6]《文集》,第46页。
[7]《全集》第1卷,172页。

有信仰心"。认定教育是大有可为的事。要造新国家、新国民、新社会非此不行。第二,"要有责任心"。要以全国人人都能受到教育为己任。第三,"要有共和精神"。事事要和学生同甘苦,要和学生表同情,参与到学生里面去指导他们。第四,"要有开辟精神",到乡下去,到边疆去,开辟教育事业。第五,"要有试验精神"。这样,对于教育问题,才有彻底的解决;对于教育原理,才有充分的发现。

陶行知还批评"现在的师范学校,大都是中学校的变形,不过稍加些教育学、教授法罢了。毕业以后,就拿这些教材(指小学教材——作者注)去教学生,恐怕还是门外汉呢"。所以他主张小学要用怎样的教材,师范生就要怎样去学。"一方面要学'学'。一方面要学'教'。"同时,"师范学校担任专科的教员,应注意各该科教材教法"。师范和附属小学要密切联系。"附属小学不但是实习的地方,简直是试验教育原理的机关",是"教育学的试验室"。①

5. 要办好教育(包括师范教育),就要重视教育研究,提倡教育试验。

陶行知认为:"教育之举措,悉当根据学理,学理幽深,研究始明。"研究的方法,在取得人类已有的知识方面,一曰交谈问答,二曰读书。在探索人类尚未明了的新知识方面,一曰观察,二曰试验。② 他指出我国教育之所以旧者五。一曰依赖天工。二曰沿袭陈法。三曰率任己意。四曰仪型他国。五曰偶尔尝试。因此,格外需要提倡教育试验,"既能塞陈旧之源,复能开常新之道"③。

陶行知本人就是身体力行这些教育研究方法的榜样。他虚怀若谷,善于和别人切磋讨论。他勤奋读书,不断汲取古今中外的知识宝藏。他

---

① 《全集》第 1 卷,第 168—169 页、172 页。
② 《全集》第 1 卷,第 66—67 页。
③ 《文集》,第 9—11 页。

重视调查研究,深入考察教育实际和社会实际;从事教育试验,更是孜孜不倦、百折不挠。统观陶行知的一生,其教育思想和实践之所以能不断发展,进步,日新又新,原因固然很多,但他的治学严谨,坚持研究和试验,不失为重要契机之一。

然而那时候陶行知的师范教育思想,从总体上看,同他所提倡的"新教育"一样,还是以引进杜威的观点和方法为主。杜威认为,"教育是社会进步及社会改革的基本方法""教师不是简单地从事于训练一个人,而是从事于适当的社会生活的形成"[1]。所以杜威对师范教育是很重视的。

但是杜威信奉的实用主义哲学,否认存在对思维的第一性,一味强调实在的可塑性,带有强烈的主观主义倾向。杜威不问政治前提,无条件地声称"学校是社会进步和改革的最基本的和最有力的工具"[2],也是不对的。他的这些错误观点,曾经给予陶行知一定的消极影响。这是陶行知回国以后,在一段时间里,尽管努力从事教育实践,却不能达成预期目标的一个重要的认识根源。

陶行知这一时期的师范教育思想,正确地阐明了师范教育在整个教育事业中的地位和作用,并且针对我国师范教育中的一些弊病,提出了积极的改进办法。值得指出的是,他认为"教育是国家万年根本大计",因而强调作为"教育之本"的师范教育,"可以兴邦,也可以促国之亡"。他把师范教育提到了与国家民族的命运密切关联的高度,这个见解是极为深刻的。

1923年8月以后,陶行知又致力于推行平民教育。为了解决平民

---

[1] (美)杜威著,赵祥麟、王承绪编译:《杜威教育论著选》,华东师范大学出版社1981年版,第11、12页。

[2] (美)杜威著,赵祥麟、王承绪编译:《杜威教育论著选》,华东师范大学出版社1981年版,第12页。

教育中所需要的师资和其他教育人员问题，陶行知从他的师范教育思想出发，根据他调查各地做法和亲自试验所得的经验，提出了以下一些办法：

第一，要训练推行平民教育的干事，从全国到省、区，到县、市，到乡、街，上一级平民教育促进会都要派合适的人到下一级组织去负责训练，指导他们推行平民教育。

第二，要训练省、县视学。他们是地方上提倡平民教育最能收效的人。要给他们办短期的讲习会，详细讨论推行平民教育的办法。

第三，要训练教师。平民学校的教师，可以由小学以上的教职员、中学以上的学生、16岁以上的高等小学生、40岁以上受过小学教育者、平民教育第一期毕业生之成绩优良者等等担任。但要加以训练，可以采用讨论会的办法，寓训练于讨论之中，平民读书处，要打破"非师范生不能办平民教育"的迷信。可以用"连环教学法"：1个助教教2个人，这2个人又成为第二代助教，各自再教2人；那4个人又成为第三代助教，各自再教2人。这些助教也要加以训练，如每星期训练一次，并给以定期指导。训练教师，农村用巡回法，市区可以集中。

由此可见，随着陶行知的教育实践，从在学校里提倡"新教育"，转到走向社会，开辟推广平民教育的道路，陶行知的师范教育思想，也从以引进杜威的观点和方法为主，转到从中国国情出发，自己创造培训平民教育人员的办法方面来了。

尤其值得注意的是，陶行知这一时期在思想感情方面的转变。陶行知自小生长在农村，家境贫寒，上中小学都曾靠免费和别人照顾，14岁还常跟父亲挑菜进城，并帮助母亲做佣工；后来到南京上大学、到美国留学，也是靠家里节衣缩食、自己勤工俭学和旁人的资助，才完成了学业。但回国后当了大学教授，社会地位高了，经济收入多了，他后来曾自己取笑说，那时他已成了"中产阶级"。可是，到推行平民教育的时候，同平民的接触多了，对平民的疾苦了解深了，他的思想感情又起了变化，觉得自己不完全像个中国人了，同平民有了距离。他说："经过一番觉悟，我就像黄河决了堤，向那中国的平民的路上奔流回来了。"① 从这里可以看到，在平民教育的实践中，陶行知不仅是一个爱国民主知识分子，而且有了回到劳动人民队伍里来的自觉要求。

然而，这时陶行知认为平民教育提倡识字的教不识字的，老板教学徒，财东教佣工，太太教丫头，官僚教下属，不仅可以使平民识字，而且可以使老板、财东、太太、官僚等等"平民化"；这种打通阶级壁垒的教育，可以打通社会上的阶级壁垒，也就是他所说的："用四通八达的教育，来创造一个四通八达的社会。"② 他的这种设想是不可能实现的。

同陶行知的愿望相反，推行平民教育的结果，距离原定的目标很远很远。后来陶行知说，城市平民教育最大的阻力，还是老板、管事不允许工人学习。据《中华教育界》的编者说，那时候一些军人、政客只是利用平民教育沽名钓誉，哪会真正关心让平民读书识字的事，所以轰动一时之后，除了还有几处挂着平民学校或平民读书处的空招牌之外，就什么也没有了。所以陶行知培养平民教育人员思想，在当时并没有能充分发挥作用。可是他毕竟开辟了一条为扫盲教育培训教育人员的路子，这是应当肯定的。

与此同时，陶行知在提倡"新教育"时期所倡导的师范教育思想却对我国师范教育界产生了影响。到1924年，我国师范学校的专业特点有所加强，对培训乡村教师也愈来愈强调了，如江苏省五所师范都设立了乡村分校和分校附小。1925年上半年，中华教育改进社等六个教育团体和单位共推陶行知筹办一所培养乡村教师的试验乡村师范学校。

那时的中国，在帝国主义和封建势力的压迫和掠夺下，民族工业陷

---

① 《文集》，第64页。
② 《文集》，第64页。

于停滞，农业生产日益下降，加以军阀混战，水旱频仍，所以陶行知说："全国国民简直是在天灾人祸、内乱外患里翻筋斗，大家弄得个朝不保夕。"① 正是在这种情况下，陶行知于1925年8月提出：试验乡村师范学校应当具体实验"以乡村学校为改造乡村生活之中心，乡村教员为改造乡村生活之灵魂"②。

1926年春，陶行知为了筹建试验乡村师范学校，与东南大学乡村教育教授赵叔愚、金陵大学农业教授邵仲香，共同调查沪宁铁路附近乡村学校的状况。

陶行知在倡导教育试验时曾批评过旧教育"沿袭陈法""率任己意""仪型他国"等等，通过这次调查，陶行知对旧教育的了解更加具体，批判也更加尖锐了。他说："中国向来所办的教育完全走错了路：他教人离开乡下向城里跑。他教人吃饭不种稻。穿衣不种棉，盖房子不造林。他教人羡慕繁华，看不起务农。……他教人忍受土匪、土棍、土老虎的侵害而不能自卫，遇了水旱虫害而不知预防。他教农夫的子弟变成书呆子。"他认为这种教育害国害民，高呼"前面是万丈深渊，同志们务须把马勒住，另找生路。生路是什么？就是建设适合乡村实际生活的活教育"③。他批评"好些师范学校只是在那儿讲洋八股，制造书呆子。这些大书呆子分布到小学里去，又以几何的加速率制造小书呆子"。他希望"师范学校从今以后再不制造书呆子"，"已经成了书呆子的，从今以后要把自己放在生活的炉里重新锻炼出一个新生命来"。④

通过调查，陶行知也发现了一些接近乡村生活、办得比较好的乡村学校。他认为"燕子矶小学，尧化门小学，开原小学，都是著有成绩的

---

①《全集》第1卷，第546页。
②《全集》第1卷，第556—557页。
③《全集》第2卷，第1页。
④《文集》，第167—168页。

乡村学校。最近改造的江宁县立师范学校,明陵小学,笆斗山小学,成绩也有可观"①。其中燕子矶小学,1924年曾被陶行知誉为"不但教学生读书,并且教学生做事",是一所能"改造学校,改造环境"的活学校。② 1926年,陶行知又盛赞开原小学,有"最切实的方法引导学生组织积极的活动"③。1926年9月,陶行知在江苏省教育会上说,乡村校长应当具有三项素质:1.有农夫的身手。2.有教师的头脑。3.有社会改造家的精神。他特别赞赏江宁县立师范学校"见义勇为",能马上按照这三项目标"来实地训练学生",使他对改造乡村生活看到了希望,增强了信心。④

1926年底,陶行知在调查研究、集思广益的基础上,发表了《中国师范教育建设论》《中华教育改进社改造全国乡村教育宣言书》《我们的信条》《中国乡村教育之根本改造》《试验乡村师范学校第一院简章草案》《试验乡村师范学校答客问》等一系列著作,系统地阐明了即将开办的试验乡村师范学校的指导方针和实施办法。从这里我们可以看到,陶行知的师范教育思想已经有了很大发展,比过去更加丰富,也更加具体了,其主要内容是:

1. 以生活教育的观点,说明师范教育的重要性。

教育是培养国民具有征服自然、改造社会的生活力的国家万年根本大计,而"有生活力的国民,是要靠着有生活力的教师培养的;有生活力的教师,又是要靠着有生活力的师范学校训练的"。所以,师范教育关系着国家的命运。"中国今日教育最急切的问题,是旧师范教育之如何改造,新师范教育之如何建设"。⑤

---

① 《文集》,第150页。
② 《文集》,第106—107页。
③ 《文集》,第131页。
④ 《文集》,第115页。
⑤ 《文集》,第141页。

2. 运用生活教育的原理,阐明师范学校的任务和建设过程。

生活是教育的中心。教法学法做法要合一。所以,师范学校的任务是:"运用环境所有、所需的事物,归纳于他所要传播的那种学校里面,依据做学教合一的原则,实地训练有特殊兴味、才干的人,使他们可以按着学生能力、需要,指导学生享受环境之所有,并应济环境之所需。"① 建设师范学校的过程是,"自然社会里的生活产生活的中心学校;活的中心学校产生活的师范学校;活的师范学校产生活的教师;活的教师产生有生活力的国民"②。

3. 依据办得较好的学校提供的实际经验,并吸收了中国古代教育中的若干格言,启发师范学校应使他们培养的教师,能够:

(1)"以身作则"。

(2)"学而不厌","诲人不倦"。

(3)"把环境的阻力化为助力","运用困难,以发展思想及奋斗精神"。

(4)"做人民的朋友"。

(5)有献身教育事业的决心,"鞠躬尽瘁,死而后已。"③

4. 从改造乡村生活的角度,阐明乡村师范的积极功能及其应有的培养目标。

"乡村学校应当做改造乡村生活的中心""乡村教师应当做改造乡村生活的灵魂"。④ "要有好的学校,先要有好的教师"。好的教师,是要靠师范学校"用特殊的训练把他们培养成功的"。乡村师范要"依据乡村实际生活造就乡村学校教师、校长、辅导员"⑤,使他们"第一,有

---

① 《文集》,第 136 页。
② 《文集》,第 138 页。
③ 《文集》,第 144 页。
④ 《文集》,第 144 页。
⑤ 《全集》第 2 卷,第 3 页。

农夫的身手；第二，有科学的头脑；第三，有改造社会的精神"①；"能依据教学做合一的原则，领导学生去学习那征服自然、改造社会的本领"；"能用最少的金钱，办最好的学校，培植最有生活力的农民"；②能常常念着农民的甘苦，把整个的心献给农民，"为农民服务"③。

5. 依据教学做合一的原则，提出师范学校的"全部课程就是全部生活"④。

师范学校的课程，大致可分为：

（1）中心学校活动教学做

中心学校以实际生活为中心，又是师范学校的中心。"中心学校有了办法，再办师范学校"。它"是师范学校的主脑，不是师范学校的附属品"。"师范学校的使命是要传播中心学校的精神、方法、和因地制宜的本领"。师范学校的各门功课，"大部分都应当与中心学校联串起来"。⑤

（2）中心学校行政教学做

广义师范教育不仅培养教师，还要培养校长、辅导员，一般教师也应具有参加学校行政工作的能力。

（3）分任校务教学做

学生要分任师范学校的文牍、会计、总务、洒扫等工作，还要学会烧饭、种菜。

（4）征服天然环境教学做

包括科学的农业、基本手工、卫生等教学做。

---

① 《文集》，第 150 页。
② 《文集》，第 142 页。
③ 《文集》，第 143 页。
④ 《文集》，第 151 页。
⑤ 《文集》，第 137 页。

(5) 改造社会环境教学做

包括村自治、平民教育、合作组织、乡村生活调查、农民娱乐等教学做。

(6) 在教学做合一的基础上，建立平等互助的师生关系

师范学校各科教师都称为指导员。他们指导学生教学做，与学生共教、共学、共做。师生共生活、共甘苦，是最好的教育。高级程度学生对低级程度学生也要负指导之责。

由此可见，陶行知在筹建试验乡村师范的过程中，已经初步形成了他自己的师范教育思想体系。

二、在晓庄师范的教育实践中，提出自己的生活教育理论 (1927—1930)

1927年3月，南京试验乡村师范学校（即晓庄师范）正式开学。在晓庄师范时期，陶行知已经不只是提倡"新教育"，也不只是在南京高等师范一个学校里进行很有限的局部改革，而是在南京郊区以晓庄为中心的方圆四十里范围内，进行乡村教育的全面改革，以及改造乡村生活的试验了。这种试验，已不是像推行平民教育时期那样，一边开辟事业，一边摸索经验（包括培训教育人员的一些经验），而是有教育理论作根据，制订了一套明确的指导方针和实施办法然后进行的了。

这种指导乡村教育试验的理论，可以说是陶行知将它拿来在试验乡村教育过程中再加以检验，并使之向前发展的理论，也就是生活教育理论。

陶行知说："自杜威来华讲学，生活教育之名，已成为中国教育界之口头禅。"[①] 但杜威并没有把自己的教育理论称为生活教育理论，他

[①]《全集》第2卷，第231页。

只是把自己的教育哲学叫作实用主义、工具主义、经验主义、试验主义。教育理论界一般也把他视为实用主义教育学派的代表人物。大约是因为他在华常讲教育即是生活,从生活本身学习,教师工作可以形成适当的社会生活,所以中国教育界便把他的这些主张,包括学校即社会,从做中学等等,就通俗地统称为"生活教育"。

"生活教育之定义",陶行知说:"在晓庄开校前九年,我已提出,包含三部分,一是生活之教育;二是以生活影响生活之教育;三是为着应济生活需要而办之教育。用英文译出来,比较简单:Life education means an education of Life, by Life and for Life。"① 从 1921 年陶行知在金陵大学所讲 Education of Life, Education by Life, Education for Life 的大致内容看,其观点同杜威是一致的。1926 年陶行知所讲师范学校的任务和建设过程,也应用了"教育即是生活"的原理。

1930 年 3 月,陶行知说:"当初生活教育戴着一顶教育即生活的帽子。自从教学做合一的理论试行以后,渐渐地觉得教育即生活的理论行不通了。一年前我们便提出一个生活即教育的理论来替代,从此生活教育的内容方法便脉脉贯通了。"② 教学做合一的理论本身,也有一个发展过程,陶行知 1917 年回国后,认为"先生只管教,学生只管受教"的教授法,"有改革之必要"。③ 1918 年,他在南京高等师范学校校务会议上,力主把教授法改为教学法。1919 年 2 月,他在《教学合一》一文中提出,"教的法子必须根据于学的法子"④。10 月,又在《学生自治问题之研究》一文中提出:"事怎样做,就须怎样学。"⑤ 1922 年,他把两者连起来,主张"事怎样做就怎样学,怎样学就怎样教;教的法

---

① 《文集》,第 653 页。
② 《文集》,第 256 页。
③ 《文集》,第 185 页。
④ 《文集》,第 14 页。
⑤ 《文集》,第 19 页。

子要根据学的法子,学的法子要根据做的法子"①。这就形成了教学做合一的思想,但当时还没有定下教学做合一这个名词。1925年,他在南开大学讲演中阐述这种思想时,仍以"教学合一"为题,张伯苓提议改为"学做合一"。这下启发了陶行知,才定下"教学做合一"的名称。

这时陶行知所说的"教学做合一",同杜威的"从做中学",实际上并没有多大差别。杜威也"认为教师教的方法,要以儿童学的方法为依据;儿童学习是通过各种活动来获取经验的。……因此,教师实施教学,必须遵此而行,力求学生'从做中学'"②。1925年,陶行知在南开讲演时,也曾赞同"从做中学"③。

那么,为什么晓庄师范试行"教学做合一"的理论,会觉得杜威的"教育即生活"行不通呢?这是因为,1925年后陶行知通过调查研究和筹办晓庄师范过程中的种种思索,到1926年,他所说的"教学做合一",已经向前发展,同杜威的"从做中学"不是一码事了。

以"做"为中心,是"教学做合一"和"从做中学"的共同点。然而,重要的是,"做"的目的、内容、方法是什么?正是在这些方面,1926年陶行知讲的"教学做合一",已经和杜威的"从做中学"有了重大差别。

杜威提倡"从做中学",是为了使教育能更好地适应美国工业社会的需要,为巩固和发展美国的资本主义制度服务。陶行知试行"教学做合一"的目的,是要使教育为改变中国的贫穷落后,创造一个富强的、平等的,他所谓的理想社会服务。

杜威"从做中学"里提倡的"做",是园艺、纺织、木工、金工、

---

① 《文集》,第185页。
② 罗炳之编著:《外国教育史》(下册),江苏人民出版社1981年版,第272页。
③ 《全集》第1卷,第595页。

烹饪等等活动，以及让学生摹仿社会，在学校里组织小市政厅、巡察团、商店、学校、银行、邮政局、电话局、卫生局、卫生宣传队等等。陶行知在晓庄师范试行"教学做合一"中的"做"，除了中心小学的活动、分任晓庄师范校务的活动之外，还有征服自然环境的活动和改造社会环境的活动。

杜威的"教育即生活"，是把生活引进教育；正如1930年陶行知所说，仍然是"将教育和生活关在学校大门里"①。杜威的"学校即社会"，是把学校造成一个小社会，这个小社会，也是关在学校大门里的。但是，晓庄师范的征服自然环境教学做，如帮助村民解决饮水问题，防治疟疾、天花，开办乡村医院，发动村民治螟捉蛇，组织村民武术会，举办联村运动会，修路、开荒、造林，组织农产品展览会等等；以及它的改造社会环境教学做，如组织联村自卫团和土匪斗争，建立信用合作社和高利贷斗争，组织村自治，指导村民合理解决用水纠纷，组织村民娱乐活动，进行乡村调查，开办民众夜校、中心茶园等等，都有必要走出小学校，到大社会里去，和村民互教共学一起干。

晓庄师范周围的农民，在征服自然环境、改造社会环境方面，有许多紧迫的需要。晓庄师范的师生，爱中华民族，爱中华民族中最多数而最不幸之农人，决心把整个的心献给乡村人民和儿童，与农人共甘苦，共休戚，岂能对农民的迫切需要无动于衷，袖手旁观。晓庄师范的学生，大多是由其他中学或大学转过来的离中学、大学毕业只有一年或一年半的学生，有的还是在职的教职员或教育行政人员。晓庄师范的师生，几乎全都是立志改造乡村生活的知识分子和知识青年。所以，从客观上的需要和主观上的志愿和能力几方面来说，晓庄师范的师生都应该，而且可以走出小学校，到大社会里去，和村民们互教共学一起干。

---

①《全集》第2卷，第199页。

通过晓庄师范"教学做合一"的实践,1927年秋,陶行知进一步把"做",解释为"在劳力上劳心",① 是把行动和思考结合起来的"做"。所以他给教学做合一中的"做"定下的英文译名是 Reflective action,后来有人把这个英文译名又译回来,成为汉语中"深思熟虑的实干"。这同杜威"从做中学"里的"做",英文里叫 Doing,它偏重行动,而不强调思考,已经不同了。陶行知在晓庄讲"教学做合一",还强调知识分子和农民结合,"我们倘要想感化农人,必须自己先受农人感化"②。这就更不是杜威的"从做中学"所能企及的了。

1928年初,陶行知对知行关系有了新的认识,反对王阳明"知是行之始,行是知之成"的说法,强调"行是知之始,知是行之成",③通过征服自然环境,改造社会环境的"做",在劳力上劳心,把行动和思考结合起来,可以探明新的真理,增长新的才干。学生在晓庄和村民互教共学一起干,学到了征服自然环境,改造社会环境的真本领,毕业后才能到工作地点去因地制宜地加以运用。所以,走出小学校,到大社会里去,和村民互教共学一起干,是晓庄师范培养改造乡村生活的教师必须采取的办法。

实践证明,陶行知提出的"教学做合一"的目的、内容和方法,在晓庄师范改造乡村生活,培养改造乡村生活的教师这一实践中,必然同杜威的"将教育和生活关在学校大门里"的主张,发生愈来愈尖锐的冲突。1929年初,陶行知终于把"教育即生活""学校即社会","翻了半个筋斗",④提出他自己从晓庄师范的实践中总结出来的"生活即教育""社会即学校",同"教学做合一"脉络贯通的生活教育理论体系。

---

① 《文集》,第187页。
② 《文集》,第211页。
③ 《文集》,第182页。
④ 《文集》,第243—244页。

在晓庄师范时期，由于陶行知的生活教育理论，是在筹办晓庄师范中萌芽，它指导了晓庄师范的教育实践，又通过晓庄师范的教育实践，得以成长和发展，所以，那时候陶行知的生活教育理论，同他的师范教育思想，紧紧联系在一起。"生活即教育""社会即学校"的提出，以及对"教学做合一"中的"做"作出新的解释，不仅标志着陶行知具有自己特色的生活教育理论的形成，也标志着陶行知具有自己特色的师范教育思想的形成。

与提倡"新教育"时以引进杜威的观点为主不同，我们可以看到晓庄师范时期的陶行知师范教育思想（主要是他的乡村师范教育思想），体现着他自己的生活教育理论，其主要内容是：

1. 乡村师范要发挥改造乡村生活的作用，并据此制订自己的培养目标。

在试验乡村教育时期，陶行知所说，"生活教育是供给人生需要的教育"①。同他1921年讲的 Education for Life 主要是指教育要使个人生活得精神高尚完全不同。这时他所说的人生需要，主要是指中国最大多数最不幸的农人改造乡村生活的需要，也包括已经成为书呆子的人到生活的熔炉里去改造自己的需要。因此，他认为乡村师范既要"培养乡村人民、儿童所敬爱的导师"，去作改造乡村生活的灵魂，又要"把一县或一区的中心小学团结联络起来"，成为改造乡村生活的中心。② 乡村师范的培养目标，包含了一般乡村学校都应有的五项目标，即（一）康健的体魄，（二）农人的身手，（三）科学的头脑，（四）艺术的兴趣，（五）改造社会的精神。此外，还要培养师范生能领导小学生学习改造乡村生活的本领，使小学生成为有生活力的国民；并能团结联络好的村民和小学生，共同去改造乡村生活。而最重要的，是要培养师范生

---

① 《文集》，第244页。
② 《全集》第2卷，第132页。

"把整个的心献给乡村人民和儿童"①。

2. 师范学校要通过生活去教育学生，要制订教学做合一的课程。

生活自身具有教育作用，而且效力极大。师范学校要实现自己的培养目标，必须通过生活去教育学生，也就是说，要组织师生过健康的生活、劳动的生活、科学的生活、艺术的生活、改造社会的生活。

生活有好有坏，是好生活就是好教育，是坏生活就是坏教育。嘴巴里念劳动教育的书本，耳朵里听劳动教育的讲解，但过的是不劳动的生活，不能算是受劳动教育。所以，要拿好的生活去改造不好的生活。所谓"以生活影响生活"，即是此意。

教学做合一，是生活法，也是实现生活教育的方法，一个活动，对事说是做，对己说是学，对人说是教。先生拿做来教，乃是真教，学生拿做来学，乃是实学。但"做"要手到心到，在劳力上劳心，用心以制力，才能创造发明，改造世界。所以，"做"是广义的，如为种稻而讲解，讲解也是做；为种稻而看书，看书也是做。

师范学校的全部课程就是全部生活，包括：（一）中心小学活动教学做。（二）分任师范校务教学做。（三）征服自然环境教学做。（四）改造社会环境教学做。（五）学生个人事情的教学做。

通过生活去教育，教学做合一，就是使教育从书本的转变到人生的，从字面的转到手脑相长的。

3. 依据教学做合一的思想，培养师资可以有相辅而行的两种制度。

一是师范生以教人者教己，为学而学，不如为教而学之亲切。所以学生一进师范，就开始轮流到中心小学去教儿童；有指导教师帮助，在真切的情境里自己当教师。他们不但自己学习，同时也学习教人；不是

---

①《全集》第2卷，第134页。

先学几年理论,最后半年再实习。

二是艺友制师范教育。由中心学校在某一方面有擅长的教师任导师,招收愿意学习做教师的人做艺友,以朋友相待,指导他们在做教师的过程中学做教师。

由此可见,依据教学做合一的原理,师范教育的建设,首先要从建设中心小学开始。

4. 师范学校要改造社会生活,必须组织师生到社会上去,和民众互教共学一起干。

如前所述,征服天然环境教学做,改造社会环境教学做,不能只在学校大门里专在书本上做工夫。陶行知提出的"在劳力上劳心","行是知之始,知是行之成",更从哲理上讲清了为什么要到社会上去,和群众互教共学一起干。所以,师范学校要实行"生活即教育",把教育伸张到校外广阔的人生中去;要实行"社会即学校",把社会造成一个大学校。改造社会生活中的一切问题和知识,都是教育的材料,改造社会生活中的一切教学做,都是教育的方法。改造社会生活中使用的一切工具,包括生产工具、书籍、仪器设备等等,都是教育的工具。不论校内校外的人,都可以做师生。对于社会生活中的坏影响,"我们也要认识,也要有所准备,才能生出抵抗力"[1]。

征服天然环境、改造社会环境的教学做,要从民众迫切的问题着手,哪一种容易着手,就先干哪一种。要和民众一同干,互教共学;不能发号施令,看民众干,自己旁观;也不能替民众干,令民众处于旁观地位。每个活动都要有目标,有计划,有方法,有工具,有指导,有考核。

5. 师范学校要加强计划性,制订《生活历》。

师范学校师生的生活,即教学做,既然是多方面的,头绪纷繁,就

---

[1]《全集》第2卷,第201页。

必须制订计划，统筹安排。如果没有计划，必然杂乱无章，顾此失彼，费力多而得益少。所以，陶行知提倡依据培养目标所决定的多方面生活，分别考订它的定期事项，编出《生活历》；再依据《生活历》搜集教材，规定方法，制造工具，以便多方面的生活能有条不紊地进行。他强调"是有计划的生活，就是有计划的教育；是没有计划的生活，就是没有计划的教育"①。

晓庄师范的师生各自还有自己的本月、本周、当天的三种生活计划表，事情做完要把成绩和不足填在"效果"栏里，由考核股评定成绩。

在晓庄师范时期，陶行知在教育实践和教育理论方面的成就是很大的。在政治上，当北伐军打到南京的时候，到处张贴着第六军党代表兼代江苏省政府主席林祖涵的布告，陶行知欢迎北伐军，拥护打倒军阀，支持学生抗议帝国主义炮轰南京；对于晓庄师范师生发动组织农民协会，与农民一起逮捕、公审土豪劣绅，他称之为"乡村组织教学做"。1927年蒋介石叛变革命以后，陶行知说："真的三民主义只有一本，只有中山先生所留的一本，其余什么人解释的都是假的，都是靠不住的。"② 这表明他对蒋介石集团的假革命也是有所认识的。

陶行知的改造乡村教育，改造乡村生活的试验，蒋介石视为眼中钉，于1930年4月初，便下令封闭晓庄师范，接着又通缉陶行知。但陶行知并没有屈服。他在《护校宣言》中表示，晓庄的精神是封不了的，他将坚持教人做主人的教育，去创造自由平等的国家，实现"人人有工做，人人有饭吃，人人有水仙花看的理想社会"；并且愤慨地指出，摧残晓庄的绝不是真正的革命政府。

---

① 《文集》，第244页。
② 《全集》第2卷，第140页。

三、陶行知师范教育思想的继续发展（1931—1946）

1930年4月以后，在国民党反动派的追捕下，陶行知曾避居上海，以后又被迫亡命日本。至1931年春，他才潜回上海，那时他不能公开活动，但仍然关心中华民族的出路和中国教育的出路问题。他认为"资本主义国家的教育，只是做了创造富翁的工具，以至贫富阶级因教育而愈隔愈远"；他主张"教人创造合理的工业文明"，"要人做机器的主人，不做机器的奴隶"，要"注重有驾御自然的力量的科学"。① 针对科学被剥削阶级垄断的状况，他提出"科学下嫁"，把自然科学知识普及到大众中去。1932年2月，国民党内政部解除了对他的通缉令后，他创办了儿童科学通讯学校，除招收青少年、儿童外，也招收小学教师、师范生和儿童家长，给他们补充科学知能；每月发给讲义，指导他们做科学实验。

1931年，发生"九一八"事变，蒋介石抱不抵抗主义，日军一举侵占了东三省。在国难当头的时刻，陶行知撰文抨击蒋介石所谓"攘外必先安内"是"颠倒的逻辑"。接着，1932年上海"一·二八"战事爆发，陶行知说："我除了积极地参加对于日本帝国主义的反侵略斗争外，深深地感到普及教育的使命更加重要。"② 他提出"教育要把不能对付国难的力量，变成能够对付国难的力量"。"我们从此要改造教育，使教育普及于大众……于是我们就可以造成极伟大的民族力量，来解除一切国难"。③

怎样使教育普及于大众，解除国难呢？他说，我们要"认定中国是个穷国，必得用穷的方法去普及穷人所需要的粗茶淡饭的教育，不用浪

---

①《全集》第2卷，第269页。
②《全集》第2卷，第624页。
③《全集》第2卷，第587—588页。

费的方法去普及穷人所不需要的少爷、小姐、书呆子的教育"①。1932年夏天,他开始计划试办乡村工学团,普及工以养生、学以明生、团以保生的生活教育。工以养生,就是组织大众生产劳动,改善自己的生活,并解决传统教育要人丢掉饭碗才能学习的问题。学以明生,就是教大众识字,学习自然科学和社会科学,一则明了自己为什么会受苦受难,被人欺侮压迫,如何才能求得出路;一则用自然科学来增加生产和破除迷信。团以保生,就是教大众团结起来,结成坚固的团体,保卫自己生存的权利,保卫国土和家乡。他说,中华民族已经到了生死关头,工学团要培养六方面的能力,即军事能力、生产能力、科学能力、识字能力、运用民权的能力和节制生育的能力。工学团的办法,他依据生活教育的理论,提出了七条:"1. 社会即学校。2. 生活即教育。3. 相学相师,会者教人,不会者跟人学。4. 先生在做上教,学生在做上学;教与学都以做为中心。5. 在劳力上劳心。6. 行是知之始。7. 与大众共甘苦,同休戚,以取得整个中华民族的出路。"② 乡村工学团强调要以"靠自己动手种地吃饭"的真农人为主体。"防备这件重要事业,落在坏人的手里";并且要从村外同志的推动、赞助、辅导,逐步转到本村"农人自动、自助、自导的来改造他们的村庄"。③

这时陶行知已经十分明确地主张,要把教育同民族解放、大众解放的斗争结合起来。他的师范教育思想,也主要是在解决普及教育、国难教育所需的师资问题这一过程中发展的。

1932年夏天,陶行知开始计划试办乡村工学团时,曾沿用晓庄师范时期的艺友制,提出"乡村工学团,可从事指导员之培养。其培养方

---

① 《文集》,第449页。
② 《全集》第2卷,第650页。
③ 《全集》第2卷,第594—595页。

法,则采艺友制。……欢迎有志青年下乡,在办工学团上学办工学团"①。

1932年10月,山海工学团在上海郊区大场创办后,农民及其子女加入者越来越多,指导员在教不了的情况下,不得不委派一些能干的孩子负责教那些超编的孩子。1932年11月,陶行知见到山海工学团孩子教孩子的成绩后,回想起1922年他6岁的儿子教57岁的祖母识字的情景,便在以前平民读书处用"助教"实行"连环教学法"的基础上,提出用"小先生制"来解决师资不足的困难。"小先生制"的基本精神是:"任何懂得一点简单真理的人,就够资格传授真理,并与他人共享真理。"② 1934年1月28日,陶行知在山海工学团举行小先生普及教育队授旗典礼及宣誓仪式,"小先生制"正式诞生。

随着小先生运动的发展,工学团不仅可以做到"来者不拒",而且可以实行"不能来者送教上门"。陶行知认为,这是"小先生制"与"蓝喀斯特导生制"③不同的第一个特点;另一个不同点是不能来工学团者受教以后,迟早也要教别人。从1932年到1937年上海沦陷为止,共有1万多小先生在上海活动。按照同样精神,参加夜校或识字班的16岁以上的人,也要即知即传,当"传递先生"。上完学回家后自己也当教师,每个家庭都成为学习中心,并把真理传给邻居。小先生和传递先生不只教读写,还教唱歌,讲故事,讲新闻,传授知识,提出问题来讨论。

陶行知从小先生和传递先生的即知即传中,看到了儿童和大众互教共学的力量,认为这是以最快的时间,花最少的钱普及大众教育的好办

---

① 《全集》第2卷,第595页。
② 《全集》第3卷,第217页。
③ 班级授课制的一种变体。18世纪英国工业革命后,为了应对工业生产对大批具有初级文化水平的工人的需要,由英国的牧师倍尔和教师蓝喀斯特在初等教育中倡导建立。——编者注。

法，是救国教育与"亡国赛跑"的好办法，他反对国民党教育官空讲"中国教育要靠师范生普及"的梦话。① 他从即知即传中，不但看到了这也是"以教人者教己"，通过教别人，自己学得更好更多；而且看到了小先生能把学校和社会联系起来，传递先生能使"以教育发动民众"发展到由民众"自动地发动教育"。② 他特别推崇"即知即传"使教育不再是买卖的商品，打破了知识私有的旧传统。此后，"即知即传"便成为陶行知生活教育理论的一个组成部分。

在艺友制、小先生和传递先生制的基础上，陶行知进一步提出设立"工师养成所"，培养普及教育的人才。③ 工学团之指导员称为工师，不再称为教员。工师养成所可由一县或数县联合设立，其目的有四：1. 培养新工师以创立新的工学团。2. 化固有之教员为工师，将学校改为工学团。3. 化固有之工人、农人为工师，将一般社会组成工学团。4. 继续不断地培养在职之工师，使其与社会、学术共同进步。工师养成所的学生都称为艺友，他们大略学得一些知识的钥匙后，立刻分散，每组两人同到一地去，与大众、小孩交朋友。从中找到几位新同志，也用艺友制的方法把他们培养为本地的艺友或小艺友，再和他们一道发动组织青年工学团或儿童工学团。这一步叫个别指导，又叫基本培养，以实际工作做培养的中心。第二步是巡回指导，由工师养成所之指导员定期到各工学团帮助艺友克服困难，解决问题。第三步为集合指导，每周一次，讨论方针，制定计划，补充学识，商讨问题，鼓励集体精神。戴伯韬说当年山海工学团办过师范，可能就是这种工师养成所。

1935年3月，陶行知提出了一个中国普及教育方案，主张全国学校采用工学团制：每一所小学都成为小先生养成所（等于一所小师

---

① 《文集》，第366页。
② 《全集》第3卷，第626页。
③ 《文集》，第369页。

范），每一所民众学校都成为传递先生养成所；师范学校采取培养工师的办法，并要开设《小先生指导法》课程；各专门大学、研究所分工培养普及现代生活教育所需之高等技术人才。

在倡导普及教育和国难教育时，陶行知师范教育思想的特点，是为各级各类的工学团培养教育人才；他吸收了晓庄师范办学理论和实践中的长处，并在推行小先生和传递先生制的实践基础上，向前发展了"即知即传"的理论。这一发展的重大意义在于，它指明了发动大众自己来实施教育、救亡图存的道路。陶行知特别强调，"我们目前所需要的是：大众自己实施的救亡的生活教育。"①

1935年底，北京学生在中国共产党领导下掀起了"一二·九"运动。陶行知立即支持，并参加发起和组建上海文化界救国会，要求停止内战、释放政治犯、一致对外。1936年5月，陶行知与宋庆龄、何香凝、沈钧儒、邹韬奋等及各地救亡团体代表，在上海成立了全国各界救国联合会。7月，他去伦敦参加世界教育会议，并受全国各界救国会委托，以国民外交使节的身份，到欧美亚非许多国家和地区宣传中国人民抗日救国的主张，并发动侨胞共赴国难。

陶行知参加救国会以后，积极支持中国共产党关于建立抗日民族统一战线的主张。从此，他一直跟着毛泽东同志为代表的正确路线走，成为一个无保留地追随党的党外布尔什维克。

1937年"七七"事变后，陶行知在国外到处揭露日本帝国主义侵华战争的罪行，宣传我国人民抗战到底的决心，争取国际上对我国抗日战争的同情和支持，发动侨胞支援祖国抗日。1938年10月，他在出访28国和地区后经香港回到武汉，投入战时教育运动。他认为要使中国"从一个半殖民地半封建的国家变成一个自由、平等的民有、民治、民

---

①《文集》，第523页。

享的国家，是要军事、政治、经济、教育几方面配合得好才能达到目的"。"我们当前的任务是展开全面教育以配合全面抗战而争取全面的最后胜利"。① 他曾向蒋介石提出，要再办晓庄学校以推进战时的民众教育，蒋介石嘴上也说同意。但10月底他到重庆后，国民党政府教育部却不许他办师范，只许他办农学院；实际上后来连农学院也没许他办。

在抗日战争期间，陶行知认为配合全面抗战的全面教育，从空间来说，不能只办后方教育，要把教育扩大到游击区和敌后；从教育对象来说，不只着重青年教育，而且要顾到老年人和小孩子的教育；随着战事的进展，还要办伤兵教育、难民教育。为了解决普及战时教育的师资问题，他特别强调即知即传："任何民众，对于抗战一切问题，即其所知者，即传达别人；倘使人人能即知即传，则抗战知识可普遍于各阶层，收效当然很大。"② "若不运用'即知即传'的原则，便不能达到老百姓都受教育的目的"。③ 他认为运用即知即传的原则，教师和教育可以发挥更大的作用。他说："一个小学教员不仅是三四十个学生的导师，倘使培养的学生能即知即传，就很容易影响三四百人，他的地位的重要是好比一个作战的连长或营长。"同样，一个小学校长好比一个团长；一个县教育局长，好比一个集团军司令，甚至是一个战区的司令长官。④

1938年12月，陶行知组织的生活教育社正式成立。他认为生活教育社不但是一个互教共学的教师进修团体，而且也"必须即知即传，才能跳出自己的小篱笆"。⑤

1939年7月，陶行知创办了育才学校，培养有特殊才能的难童。

---

① 《文集》，第660—661页。
② 《全集》第3卷，第252页。
③ 《文集》，第660页。
④ 《文集》，第662页。
⑤ 《文集》，第663页。

他认为这是"丰富了普及教育原定的计划","不是丢掉普及教育而来做特殊教育"。① 同时，育才学校也开展即知即传的活动，如1945年该校共有教职员61名、学生320名，却为附近4 500名成人和儿童提供了受教育的机会。

陶行知对于战地学校新师资的培养和原有教师的进修，也很关心。1940年2月，他曾对刘季平在广西办战地师范的计划提供意见，认为"战地师范对于培养人才，应该分两个步骤。第一步，用集中训练的方法，号召后方优秀教师及初中、简师以上之优秀毕业生，加以短期培养；并用督导与函授方法引导原任战地优秀教师，以增加他们应变的学识与力量；第二步，俟新教师养成，再将战地优秀教师调来集训"②。这样，就可以在不影响战地学校当前工作的前提下，兼顾战地新师资的培养和原有教师的提高。

陶行知还注意运用业余学校和夜大学的方式来培养教育人才。1938年8月，他从国外归来，便在香港创办了中华业余学校，担任董事长。这所学校设有教育科，曾根据教学做合一的原则，与全校女同学合作，办了中华妇女义学，吸收失学妇女学文化、学抗日救国的道理；同时教育科的学生也在办教育中学习办教育的本领。1946年1月，陶行知、李公朴等又在重庆与一些进步青年共同创设了社会大学。这是一所夜大学，设有教育系，陶行知曾和李公朴、孙起孟、潘菽、方与严、孙铭勋等担任这个系的专业课。

从1938年到1946年，由于国民党政府的阻挠，陶行知在师范教育方面的实践是很有限的。他直接谈到师范教育的论述，大体上也只限于结合抗日战争和争取民主的需要，广泛运用即知即传的原则，以及举办战地师范，以业余学校和夜大学的形式办理教育科、系等。然而，由于

---

① 《全集》第3卷，第379页。
② 《全集》第5卷，第524页。

整个生活教育的理论和实践，仍然在斗争中向前发展，所以他的师范教育思想也有相应的发展，主要表现在以下两方面：

第一，办教育（包括师范教育）既要有理想，又要做实实在在的贡献。

陶行知通过同帝国主义、封建主义和国民党独裁统治斗争的实践，遵循唯物史观，认识到没有人剥削人的制度，"不是从天上落下来的，而是人类依着历史发展的趋势努力创造出来的"。"教育是民族解放、大众解放、人类解放之武器"。"生活教育理论，是半殖民地半封建的中国争取自由平等的教育理论"。"一个教育者同时应该是一个革命者"，"一个真正革命者，必然是一个真正生活教育者"。我们既要抱定为实现"没有人剥削人的制度"而奋斗的最高目的，又要最大限度地运用教育这个武器，为完成当时使半殖民地半封建的旧中国变成自由、平等的新中国这一历史任务，实实在在地贡献力量。"为着最高的目的而忘了发展的过程和为了发展的过程而忘了最高的目的，都是错误"。[①]这一思想十分清楚地表明，办师范教育既要有远大的理想，又要为实现这一理想，最大限度地发挥师范教育的作用，为完成当前阶段的革命任务作出实实在在的贡献。

第二，师范学校要培养为人民服务的、民主的教师。

教育者用什么来为完成当前阶段的革命任务、为实现最高的目的贡献力量呢？最重要的是要把学生培养好。陶行知说："教师的成功是创造出值得自己崇拜的人。先生之最大的快乐，是创造出值得自己崇拜的学生。"[②] 这当然不是说，教师可以随心所欲，按照个人的爱好去创造学生。陶行知说："民之所好好之，民之所恶恶之。为人民服务者，亲

[①]《文集》，第 692—694 页。
[②]《文集》，第 736 页。

民庶几无疵。"① 值得教师崇拜的学生，首先应当是能够努力为人民服务的人。在陶行知的带领下，育才学校师生工友，以集体力量"创造健康之堡垒，创造艺术之环境，创造生活之园地，创造学术之气候，创造真善美之人格"②；就是要培养德智体美劳几方面都得到发展、能为人民服务的人。

师范学校培养的人才，应有哪些特殊要求呢？陶行知认为，民主的教师必须：

（一）虚心好学。要学而不厌，才能诲人不倦。

（二）宽容。要理解学生，不要以自己的偏见，把学生正当的兴趣和爱好看作缺点和错误，压制他们的创造性，要解放学生的眼睛、双手、头脑、嘴、空间和时间。

（三）与学生共甘苦。到育才学校参观的人，曾说该校师生如家人子弟，精诚团结；陶行知说，我们需要更坚固更自觉的团结，以保证进一步创造的成功。

（四）跟民众学习。陶行知说，教人民进步者，要拜人民为老师，使自己知道应当怎样为人民服务。

（五）跟小孩子学习。要懂得孩子的心理和脾气，困难和愿望，要认识孩子的力量，才能让孩子发挥出他们小小的创造力。

（六）从消极方面说，要放下先生架子，消除师生的严格界限。③

师范学校就是要培养这种为人民服务的、民主的教师。

综上所述，陶行知早期的师范教育思想，可以分为三个阶段：一、提倡"新教育"时，是以引进杜威的教育观点和方法为主；但陶行知关于广义师范教育的思想、关于注意培养乡村教师的思想、关于师范学

---

①《文集》，第855页。
②《全集》第3卷，第509页。
③《文集》，第785页。

校要办得具有师范专业特点的思想以及关于重视教育研究和提倡教育实验的思想,却包含着许多从中国国情出发,建设人民教育事业的创见,值得我们重视。二、推行平民教育时,陶行知走向社会,自己创造了一套为扫盲教育培训教育人员的办法;尤其重要的是他在思想感情方面发生了变化,开始努力克服贵族的、外国的教育给他的不良影响,有了回到劳动人民队伍里来的自觉要求。三、从1925年开始,陶行知通过调查研究和筹办晓庄师范,阐述了师范学校的任务和建设过程、课程和教育方法,初步形成了自己的师范教育思想体系。

从1927年到1930年,陶行知通过在晓庄师范的教育实践,反复思考,终于形成了不同于杜威的生活教育理论,也形成了具有他自己特色的师范教育思想;其中贯穿着教育和社会实际生活结合,劳力和劳心结合,反对读死书、死读书的精神,非常可贵。

晓庄师范被封闭以后,陶行知从参加救国会起,便一直跟着共产党的正确路线走。他冲破国民党的限制和压迫。坚持兴办人民教育事业,并在普及教育于大众以救亡图存的斗争中,创造了小先生和传递先生制,形成了即知即传的原则,这不仅是适应穷国国情的穷办法,并且体现了反对知识私有、提倡教育为公的精神,其意义是很深远的。在实施战时教育和民主教育时,陶行知广泛宣传即知即传的原则,主张战地师范要兼顾新师资的培养和原有师资的提高,并以业余学校和夜大学的形式办理教育科、系,这些都是广义师范教育思想的新发展。与此同时,陶行知还提出了创造的教育、民主的教育,全民的、终身的教育,进一步发展了他的生活教育理论,也是值得注意的。

(选自《陶行知系列研究》江苏课题组编《论陶行知师范教育思想》,江苏教育出版社1991年版,第1—27页。文中标题及序号做了调整)

第三辑

论德育与班主任工作

谈谈思想政治教育的主要规律

德育，或思想政治教育，是社会主义教育的基本组成部分，又是当前学校教育工作中迫切需要加强的一个方面。为了做好思想政治教育工作，正确而有效地完成德育任务，我们必须在广大教育工作者长期实践积累了丰富经验的基础上，吸取教育理论界已经取得的研究成果，进一步探讨思想政治教育的主要规律。

一、教育要适应社会主义社会发展的客观需要

历史事实证明，任何社会都不能没有教育，但并不是任何教育都在社会发展过程中起积极作用。在社会主义社会里，也决不是任何一种教育的任何一项措施，都有益于社会向前发展的。但是，只有适应社会主义社会发展的客观需要、符合人民群众的根本利益的教育，才有强大的生命力。

德育，或思想政治教育，作为社会主义教育的一个组成部分，也必须适应社会主义社会发展的客观需要。

1. 把思想政治教育放在应有的位置上

重视思想政治教育，是我国革命教育事业的优良传统。但林彪、

"四人帮"的十年破坏，严重地败坏了思想政治教育的声誉。粉碎"四人帮"以后，有些地方又出现一种"只抓智育，放松德育"的倾向，对社会主义现代化建设十分不利。所以，从社会主义现代化建设的客观需要出发，把思想政治教育放在应有的位置上，是当前一个比较突出的问题。

社会主义的现代化要求学校培养的是德智体全面发展的、有社会主义觉悟的、有文化的、又红又专的建设人才。学校抓紧抓好智育是理所当然的，但是不能由此而放松德育，忽视对学生思想品德方面的要求。

现在，阶级斗争在一定范围内仍然存在，资产阶级思想影响的渗透不可避免。学校的教育对象是可塑性最大的青少年。由于种种原因，现在许多学生在思想品德方面，又确实存在着一些不容忽视的问题。学校是专门进行教育工作的地方，只有加强德育，才有利于把学生培养成拥护党的政治路线，热爱社会主义祖国，努力为人民服务，能够为社会主义的四个现代化艰苦创业的建设人才。所以，学校在传授科学文化知识的同时，一定要加强学生的思想政治教育。这是社会主义现代化建设的客观需要。

德育、智育两者不能偏废，要像邓小平同志说的那样，在坚持正确的政治方向的前提下，大力提高科学文化水平，而不是相反。更不是只讲提高科学文化，不讲正确的政治方向，把社会主义学校混同于资本主义学校。实践证明，政治觉悟高的学生，学习科学文化的积极性高，功课也好，这种情况比较普遍；但是功课好的学生，他们的思想品德却差别较大。专不等于红，红一定要专。所以，说"功课好，思想自然会好"，是不能成立的。那种"三好只要一好（功课好），一好（功课好）就是三好"的做法，是不对的。

2. 在思想政治教育工作中坚持社会主义方向

思想政治教育工作如何进行，也要适合社会主义现代化建设的客观需要。

林彪、"四人帮"鼓吹"政治可以冲击其他",把智育、体育一笔勾销,似乎特别重视思想政治教育,实际上他们搞的是反革命政治,是用剥削阶级最腐朽最反动的思想来毒害青少年,培养"文盲加流氓"式的人物。他们败坏了学校和社会的革命风气,其流毒需要相当长的时间才能够彻底肃清。可见,在思想政治教育工作中坚持社会主义的方向,是关系重大,绝对不能忽视的。

思想政治教育是塑造学生精神面貌的一种工作。我们应当培养学生具有什么样的思想品德,该用什么思想去教育学生,该把学生引导到什么方向上去,这是思想政治教育工作中头等重要的问题,是每一个教育者经常要思考的问题。

现在有些学校、有些班级满足于"常规教育",满足于学生守纪律、肯用功,对于学生在四项基本原则问题上的模糊思想以及忽视政治、不关心集体、骄气娇气等问题,则熟视无睹,不闻不问。这是一个值得注意的问题。当然,"常规教育"是重要的。但是如果仅仅满足于"常规教育",未免把社会主义思想政治教育的水平降得太低了。

二、教育要顾及影响受教育者身心发展的多种因素

教育为社会主义现代化建设培养人材,是通过有目的、有系统地影响受教育者的身心发展来实现的。社会主义教育要促进受教育者的身心全面发展,健康成长,顺利地达到预期的目的,就要考虑到影响受教育者身心发展的多种因素,采取恰当的措施。思想政治教育工作要取得成功,也是这样。

在人们的身心发展过程中、最初的内因,是先天遗传的素质、本能。人们从先天获得的素质、本能,一般都能使他在外因的影响下,即在周围环境(包括社会环境)相互作用的过程中,产生意识,学会语

言，以及进一步学习知识、发展能力、形成思想品德等等。在人们的身心发展过程中，最初的内部矛盾，是新陈代谢、兴奋和抑制之类的矛盾；而在外因影响下，便出现了需要和不足、正确和错误、先进和落后之类新的内部矛盾。这样，人们在同周围环境相互作用过程中所达到的身心两方面的现有水平，又成为人们身心进一步发展的内因。人们对周围环境中相同的刺激，会有不同的反应，主要不是由于各人先天素质上的差别，而是由于各人现有的经验、知识、需要不同。

唯物辩证法认为，外因是变化的条件，内因是变化的根据，外因通过内因而起作用。教育者要引导学生的身心向一定的方向发展，也要在学生身心发展的内因和外因这两方面做工作。

1. 调节学生的活动及其周围环境

学生是在自己的生活和活动过程中，同周围环境相互作用，从而使自己的身心发展变化的。现在，无论是在家庭里，还是在社会上，乃至在学校里，学生所进行的活动和所受到的外界影响，有些是同社会主义教育的要求一致的，有些则不一致。在某些场合，有害的活动和外界影响，甚至会占优势。所以，要调节影响学生身心发展的外部条件，要调节学生的活动及其周围环境，以利于实现社会主义教育的目的。

调节学生自己的活动之所以十分重要，是因为学生从事正当的有益的活动，就能接触到好人好事好风气，受到好的影响，向好的方面发展。学生从事不正当的活动，接触到的坏人坏事坏风气多，受到坏的影响多，就向坏的方面发展。所以要组织学生参加有益活动，把学生的精力吸引到正当的轨道上来，防止学生从事不正当的活动。

学生的主要活动，应当是学习。但是除教学以外，学校还应当开展文娱、体育、科技等各种课外活动，组织校内外公益劳动。少年之家、青年宫、体育场、影剧院、文化馆、图书馆、博物馆等机构，要吸引青少年从事各种有益的校外活动，占领青少年的文化生活阵地。

邓小平同志指出,学校应当永远把坚定正确的政治方向放在第一位,但这并不是说要把大量课时用于思想政治教育。学生思想品德发展的一条规律,就是它会受到多方面的影响。与此相适应,思想政治教育工作的一条规律,就是要渗透到学生的各种活动中去,学校的各科教学和各种课外活动、生产劳动以及学生集体的活动等各条教育途径,都要贯彻思想政治教育,共同完成德智体几方面的教育任务。专门进行思想政治教育的课时和政治性质的课外活动时间,都不应太多,并且也要对促进教学和其他教育活动的开展,对完成智育、体育等方面的任务,有所帮助。

学校要通过各科教学和各种课外活动等多种途径做好思想政治教育工作,单靠班主任当然是不够的,所有教师都应当既管教,又管导,充分发挥教师教育青少年的主力军作用。所以,学校领导要努力提高教师的思想和业务水平,把全体教师组织成一个能坚持社会主义教育方向,能采取一致步调去教育学生的教师集体。

学生之间的相互影响,对学生思想品德的发展,也很有关系。他们互相接触的机会最多,最容易有共同语言,最容易互相仿效。如果得不到学生集体的支持,教师的要求会没有力量,教师的批评表扬会不起作用。所以教育者要致力于培养学生集体的工作,不断提高学生集体的思想水平,培养好的班风、校风,树立学生集体的威信,使学生集体成为教育工作的有力助手。对于某些学生自发结成的传播不良习气,从事不正当活动的"小集团",则要按照其成员各自的情况,区别对待,有步骤地做争取工作,使之分化瓦解。

此外,家庭和社会环境对学生思想品德的发展,也有很大的影响作用。

学校要做好家长工作,要依靠家长关心子女前途这一积极因素,提高家长对教育子女的认识,并在教育子女的思想方向、方法、态度、信心等方面，给家长以帮助，使家长能配合学校教育的方向和步调，教育好子女。

总之，学校要经常注视时局形势和社会思潮、社会风气对学生的影响。要动员各方面的力量共同教育学生。要教育学生学习先进的榜样，对于社会上的不良倾向，要及时教育青少年学生加以抵制。对于少数社会上的教唆犯，则要配合有关部门，给以打击，切断他们同某些学生的联系。

2. 促进学生内部矛盾的转化

在学生身上，存在着社会主义思想与非社会主义思想、正确与错误、成熟与幼稚，以及知识与行为不一致等矛盾。学生的思想品德正是在这些内部矛盾的两个侧面又统一又斗争的过程中发展变化的。进行思想政治教育工作的要求，就是要按照学校的德育任务，长善救失，发展学生的优点，克服学生的缺点。进行思想政治教育工作的方法，也要注意因势利导，依靠学生自己思想品德中的积极因素去克服其消极因素。

在这里，要特别注意学生在自我教育问题上正确与错误的矛盾。学生并不是一个只是被动地接受教育的对象，他也经常在主动地自己教育自己。不过学生的自我教育，可能符合社会主义教育的方向，也可能并不符合。教育者要激励学生按照正确的方向，自己要求自己，积极上进；要帮助学生改正其自我教育中的错误方向。把学生的上进心调动起来，使教育对学生的要求，变成学生自己对自己的要求，教育工作就能够事半功倍。

因势利导，关键在于要在了解学生的思想观点、兴趣、爱好、特长等的基础上，从学生自己身上找到能够推动他自己进步的积极因素，然后才能抓住这一点，发挥它的作用，并加以引导，使学生比较顺利地接受正确的思想，或产生要求自己克服缺点的上进心。教育者应当认清青年学生的主流，抓住他们热爱党、关心祖国命运这个积极因素，引导他们澄清在一些根本问题上的模糊认识,坚持四项基本原则。在促进后进生转变的工作中,有的同志抓住他们身体好这一特点,从组织全班夺取广播操第一名入手,整顿了纪律,唤起他们的自信心、荣誉感,为搞好学习创造了条件。有的同志则依靠某同学劳动好这个特点,让他当劳动干事,把他吸引到班集体中来,推动了他的上进心。这些都是因势利导的好经验。

因势利导,要求教育者一分为二看问题。表现好的学生,总有某些不足。表现差的学生,必有某种长处,优点里面包含着缺点,缺点里面包含着优点。优点会向缺点转化,缺点也能向优点转化。只看到学生的一个片面,把学生看死了,一味赞许,或一味批评指责,都不利于促进学生的内部矛盾不断向好的方面转化。

3. 掌握学生的年龄特点和个别特点

学生的身心两方面,都存在着按年龄发展的规律性。不同年龄阶段的学生,在生理、心理的成熟程度上,在知识水平、思想水平等方面,各有其年龄特点。同时,同一年龄阶段的各个学生,又各有其个别特点。所以,教育要顾及影响学生身心发展的多种因素,也包含着教育要适合学生的年龄特点和个别特点这一要求。

思想政治教育工作要调节学生的活动,要培养学生集体,要促进学生内部矛盾的转化,同样要从学生的年龄特点和个别特点这个实际出发。林彪、"四人帮"横行时思想政治教育工作中盛行的成人化——把青少年和成人"一锅煮",一般化——对各有个性的学生"一刀切",都是违反客观规律的。

对青少年学生,要从他们的年龄特点出发,开展生动活泼的、青少年喜闻乐见的各种活动。例如故事会、辩论会、书评、影评、剧评、文艺表演、参观访问、科普活动等等,只要组织得好,都可以在思想政治教育方面发挥作用。

对不同年级的学生，教育的方法应该有所不同。对初中生像对小学生那样，只是提出要求，不讲明道理，学生就不爱听了。对高中生也不能像对初中生那样，对不同的观点要加以分析、论证。许多道理还要经过学生自己争辩，才能为学生所接受。

对学生进行个别教育，也要掌握他们各自的个性。有的学生一点就通，有的学生需要详细开导。有的活泼，有的沉静。有的过分自尊，有的过分自卑。不能搬用千篇一律的办法去解决问题。

要能够从学生的实际出发，因材施教，就得仔细观察学生，深入了解学生，善于发现学生的特点，并要弄清产生这些特点的根源，作为进行思想政治教育工作的依据。

三、思想政治教育还有它自己的特殊规律

教育要适合社会主义社会发展的客观需要，要顾及影响受教育者身心发展的多种因素，这些都是社会主义教育的一般规律。除此以外，我们还应当研究思想政治教育本身的特殊规律。

1. 以指导学生的行为为中心

德育，或思想政治教育，是以指导行为为中心的。培养观点、信念、习惯、情感、意志，都是为了调节人们的行为。大家常讲的"品行""操行""德行"这些名词，反映着行为在思想品德中的特殊重要性。学生在思想品德水平方面的差别，必然会在学生的行为中表现出来。所以，衡量一个人的觉悟程度，归根结底，还是要看他的全部行为（不是个别行为）。

德育与智育是有联系的。对行为具有指导作用的观点、信念，是在知识的基础上形成的。但是，德育与智育又是有区别的。知识毕竟不等于行为。能把劳动的意义讲得头头是道的人，不一定热爱劳动。知道上课不该迟到的学生，仍然会迟到。人的行为是由观点、信念、习惯、情

感、意志等多种因素共同调节的。

2. 系统性与针对性结合

科学知识的特点之一是具有系统性，它反映着客观世界事物本身的系统性，这是智育过程中系统性原则的理论根据之一。思想政治教育中政治、理论基本知识的教学，也要遵循这一原则，但是学生的思想品德又时刻受到周围环境的影响。时局形势、社会思潮、社会风气等方面的变化，都会影响到学生。所以，思想政治教育要把系统性同针对性结合起来，把系统进行政治、理论基本知识的教学同及时解决学生的现实思想问题结合起来。

3. 认识与实践统一

智育中要求学生学习的科学知识，有些是为学生将来从事实际工作做储备的，并不都要求学生马上运用于实践。所以，在理论和实践的关系问题上，智育的要求是侧重学习基本理论，适当进行某些实践。而思想政治教育是要解决调节人们行为的问题的，它不仅是为了调节学生将来的行为，而且也是为了调节学生现在的行为。不能把爱祖国、爱人民、爱劳动、爱科学、爱护公共财产当作知识储备起来，等将来再实行之；现在就应当在自己的学习和生活中实践五爱公德。这就是"从自己做起、从现在做起"。所以，思想政治教育严格要求认识和实践的统一，要求学生把正确的认识付诸实践，并通过现在的实践来锻炼自己的思想品德。思想政治教育强调实践性，反对知行脱节、言行不一。

4. 思想政治教育过程的基本阶段

以传授知识为中心的智育过程的基本环节是：（1）感知。（2）理解。（3）巩固。（4）应用。以指导行为为中心的思想政治教育过程的基本环节，二十世纪六十年代有的同志曾把它概括为：（1）了解学生的思想情况、行为表现。（2）说服教育。摆事实，讲道理，启发学生提高认识。（3）引导学生用正确的认识指导自己的行为，组织学生实践。(4)检查总结，巩固提高。当然，如同智育过程的基本阶段并非一成不变的一样，思想政治教育过程的基本阶段也是这样。如培养学生热爱劳动，自小就可以从培养劳动习惯开始，并不是非要先深刻认识劳动的意义不可。

5. 良好的师生关系是顺利进行教育的必要前提

在智育过程中，教师的威信是建立在正确而有效地传授知识的基础上的。在思想政治教育中，只靠这一点是不够的，教师不但要以身作则，成为学生信服的表率，而且要热爱学生、关心学生、尊重学生，循循善诱，做学生的知心朋友。师生关系不正常，学生不会同教师讲知心话，不愿意暴露思想，不乐于接受教师的教导。所以，建立良好的师生关系，是顺利进行思想政治教育的前提。师生关系在思想政治教育中的重要性，比在智育中突出得多。

以指导学生的行为为中心，系统性与针对性结合，认识与实践统一，良好的师生关系是顺利进行教育的必要前提，这些都是思想政治教育领域中的特殊规律。

只有既遵循社会主义教育的一般规律，又遵循思想政治教育的特殊规律，才能正确而有效地做好思想政治教育工作。

（原载于《江苏师院学报》1980年第3期）

论德育方法

一、说服

德育方法之一。通过摆事实、讲道理，启发，引导，使人们心悦诚服地接受或改变某种观点、信念，从而指导行为实践的一种教育方法。

中国古代教育家早就提倡循循善诱的启发式的说服教育。《学记》载："君子之教，喻也。道而弗牵，强而弗抑，开而弗达。"

毛泽东把说服教育作为解决人民内部矛盾，解决思想问题的基本方法。他曾经说过："共产党人在劳动人民中间进行工作的时候必须采取民主的说服教育的方法，决不允许采取命令主义态度和强制手段"，"企图用行政命令的方法，用强制的方法解决思想问题，是非问题，不但没有效力，而且是有害的"。

社会主义学校要提高受教育者的思想觉悟，要调动他们的自觉性和积极性，要用说服的方法进行思想品德教育。说服是社会主义学校思想品德教育的基本方法；其他的方法都要和说服结合应用。说服的方式多种多样，有通过口头语言的，如讲解、报告、谈话和讨论；有通过书面材料的，如指导受教育者阅读有关书籍或报刊文章；也有通过生动事实或模范人物进行说服的，如组织参观、访问、调查，接触社会，了解生动具体的典型事实，学习英雄模范人物的思想行为。进行说服教育，教育者要注意自己的态度，感情要诚挚，要有的放矢、以理服人、启发自觉，才能收到应有的教育效果。

二、道德实践

要求受教育者在各种活动和日常生活中，履行道德规范，或者进行练习，以形成一定的道德品质和习惯。是德育的有效途径之一。

人们思想品德的社会意义，要经过相应的道德行为才能表现出来。道德行为是人们思想品德最重要的标志，中国古代教育家历来重视封建主义的道德行为实践。孔丘特别重视"躬行"，主张"听其言而观其行"。墨子也注重力行。他说："士虽有学，而行为本焉。""务言而缓行，虽辩必不听。"朱熹强调自小练习"洒扫、应对、进退之节"，实践"爱亲、敬长、隆师、亲友之道"，是"修身、齐家、治国、平天下之本"。共产主义道德规范，只有通过各种相应的活动，使受教育者取得道德实践经验，才可能转化为他们的道德信念和情感，养成行为习惯。

道德实践要贯穿于受教育者的学习、劳动、课外活动、社会活动以及日常生活等各方面。但在一定时期内，须有一个主要的目标，而且这一目标应是大多数受教育者经过努力可以达到的。

组织道德实践，要向受教育者说明有关道德规范的意义，鼓励他们自觉锻炼；向他们讲清行为要求和行为方式，以及如何排除道德实践中可能遇到的困难，以提高实践的效果；在学生实践中，教师应注意检查督促，给予恰当的评价，肯定成绩，找出差距，表扬先进，激励后进。道德实践要求学校中的活动具有丰富多彩的形式与富有教育意义的思想内容。

三、榜样

榜样教育是指引导受教育者学习他人的模范行为或英雄事迹,以促进受教育者思想品德的发展。好的榜样是某种思想品德的具体体现,具有生动、鲜明的形象,使人们对行为准则、道德规范易于理解,易于效法,能使人们受到感染和激励,因而具有强烈、深刻的教育作用。它是德育方法之一。

中国古代教育家历来重视榜样教育。孔丘常举尧、舜、周公、子产等人作为榜样,教育弟子们"见贤思齐";他还强调以身作则,认为"其身正,不令而行。其身不正,虽令不从"。

共产主义者的崇高榜样是启发学生自我认识,促进自我教育的强大力量。无产阶级的英雄模范、先进典型,具有高尚的思想品格,是人们学习的榜样。中华人民共和国成立以来,各级学校以刘胡兰、董存瑞、黄继光、邱少云、罗盛教、雷锋以及保尔·柯察金、卓娅等英雄模范人物为榜样,教育儿童、少年和青年,收到了显著的效果。

社会主义学校为受教育者树立的榜样,主要是革命先烈、老一辈无产阶级革命家、英雄、模范和国内外历史上的优秀人物以及学校教师和同学中的先进人物等。

进行榜样教育,要对先进人物作具体生动的介绍,也可以组织受教育者进行参观或看有关的电影和戏剧等活动;指导受教育者认真思考、充分讨论,明确向榜样学习的内容和方法,沿着榜样成长的道路前进,不能局限于机械地模仿他们的个别行为。教育者要以身作则,使受教育者耳濡目染,潜移默化。

四、自我教育

广义指受教育者以一定的世界观和方法论,认识主观世界和教育自己的全部过程,又称自我修养。即人们以自己已经形成的思想品德为基础,而提出一定的奋斗目标,监督自己去实现这些目标,并评价自己实践结果的过程。狭义即自我批评。德育的一种方法。

中国古代教育家历来重视封建主义的自我修养。如孔丘强调立志,要求人们"志于道","择善而固执之"。他还提倡"内自省","内自讼",要求人们自觉地改过迁善。《大学》说的"君子必慎其独",也是一种自我修养的功夫。孟轲强调德性涵养要依靠"自得",他说:"君子深造之以道,欲其自得之也。自得之,则居之安;居之安,则资之深;资之深,则取之左右逢其源。故君子欲其自得之也。"

马克思主义者的德育论认为,教育同自我教育是统一的过程;自我教育在一定意义上来说是教育的结果,又是进一步教育的条件或内部动力。因此在教育过程中要充分发挥受教育者自我教育的主体作用。毛泽东提倡在人民内部让人民"用民主的方法,教育自己和改造自己",提倡"人民内部的自我教育工作",并且指出:"批评和自我批评的方法就是自我教育的基本方法。"这对用马克思列宁主义来改造人们的思想言行,促进人民内部的安定团结,起了良好的作用。

自我教育作为学校德育的一种方法,要求教育者按照受教育者的身心发展阶段予以适当的指导,充分发挥他们提高思想品德的自觉性、积极性,使他们能把教育者的要求,变为自己努力的目标。要帮助受教育者树立明确的是非观念,善于区别真伪、善恶和美丑,鼓励他们追求真、善、美,反对假、恶、丑。要培养受教育者自我认识、自我监督和自我评价的能力,善于肯定并坚持自己正确的思想言行,勇于否定并改正自己错误的思想言行。要指导受教育者学会运用批评和自我批评这种自我教育的方法。自我教育不是个人孤立地闭门修养,而是强调要结合实践和学生的集体活动来进行。学校中的中国共产主义青年团、中国少年先锋队和学生会都是受教育者集体地进行自我教育的组织,教育者要充分发挥这些组织的作用，让受教育者自己教育自己，自己管理自己，使自我教育收到更好的效果。

五、批评与自我批评

中国共产党在长期革命斗争中形成的优良作风之一，也是社会主义学校德育方法之一。它在形成健全的集体舆论，树立良好校风，提高学生觉悟和帮助学生改正缺点错误方面都有重要作用。

批评是指教师对学生或学生对同学的不恰当的思想言行给予否定的评价，唤起他们的警觉，去努力改正自己的错误和缺点。为了使批评能够收到良好的效果，批评者要弄清被批评者错误的事实及其来龙去脉，进行符合实际的恰如其分的批评；要有耐心，允许被批评者申辩，并通过摆事实、讲道理帮助他们认识错误，指出改正的办法，启发他们自觉改正。与此同时，要充分估计被批评者可能作出的反应，设法防止其反应的消极方面，或做好准备，使其及时消除。要从团结的愿望出发，尊重学生的人格，鼓励学生自我改正的信心。批评要取得学生集体的支持，以加强批评教育的作用。要教育学生正确对待批评，不讳疾忌医，不因受到批评而失去上进的信心。

自我批评是指在自我认识、自我评价的基础上，对自己不恰当的思想言行进行批评，督促自己改正错误和缺点。自我批评是自我教育的重要方式。要帮助学生充分理解共产主义思想品德的要求，使他们明了自我认识和自我评价的准绳。人们的自我认识和自我评价的能力，常常落后于认识和评价他人的能力，要教育学生对自己高标准、严要求，经常反省和深刻剖析自己的思想言行。要教育和鼓励学生根据社会主义社会和学校生活的准则，诚恳地检讨自己的思想言行，争取老师、同学给予自己更多的帮助。

六、操行评定

根据一定的标准，以等第和评语的形式，对学生在学期或学年内，思想品德表现作出评价。德育方法之一。

操行评定的意义在于帮助学生正确认识自己在思想品德方面的进步和不足，鼓励他们发扬优点，改正缺点；帮助家长了解子女的情况，以便更好地配合学校进行教育；帮助继任班主任了解学生思想品德的表现，作为进一步教育的依据；也可以作为高一级学校录取新生或用人单位录用人材的根据之一。

操行评定一般是在学期结束时，由班主任负责完成。班主任要经常深入了解和认真分析学生思想品德方面的表现，并对学生在思想品德方面的重要表现随时做出记录，这是班主任做好操行评定的重要条件。在评定时，还要广泛听取任课教师、学生组织和同学的意见。写评语要实事求是，简明扼要，肯定进步，指出缺点，并提出改进意见。

七、奖励和惩罚

德育方法之一。奖励是对学生或学生集体优良的思想言行给予肯定和表扬；惩罚是对犯有错误的学生给予适当的处分。奖励和惩罚都是思想品德教育的手段，有助于激发学生的荣誉感或羞耻心；有助于他们分清是非，明确努力方向，发扬优点，改正错误，也有助于维护学校的纪律和规章制度。

奖励的方式有发给奖状、奖章、奖品和授予荣誉称号等。惩罚有警告、严重警告、记过、留校察看和开除学籍等。奖惩一般都要向学生公开宣布。

奖惩要坚持社会主义的教育原则，以奖励为主，奖励以精神鼓励为主。惩罚最终也是为了达到教育的目的，故仍要教育犯错误学生提高认识、改正错误。对犯错误的学生不能滥用惩罚。不能侮辱学生人格,严禁体罚或变相体罚。奖惩要公正合理,要根据学生的实际表现,慎重地、实事求是地确定奖惩的方式,对不同年龄和不同水平的学生要区别对待。奖惩要得到集体的支持,并尽可能在集体中进行,以有利于教育个人,也有利于使一个集体受到教育。奖惩要辅以说服教育,帮助学生分清是非,发扬正气,克服消极因素,明确努力方向。

(选自中国大百科全书出版社编辑部编《中国大百科全书·教育》,中国大百科全书出版社 1985 年版,第 335,49,13,570,276—277,25,143 页。本文标题为编者所起)

九十年代大学班主任的光荣使命

二十世纪九十年代是实现我们国家社会主义现代化总体战略目标的关键阶段,也是决定中华民族未来世纪兴衰荣辱的紧要关头。九十年代的大学班主任要指导全班学生全面发展,使他们成长为有理想、有道德的高级专门人才,参加九十年代和未来世纪的社会主义现代化建设。显然,班主任的使命是十分光荣的。

现在我国的大学,大多是把教学班作为施教的基本单位,学生集体的基本组织也是班级。大学里教学、教育的许多措施,要通过班级贯彻。大学生的集体活动常由班级组织。大学生的学习、生活和思想状况,以及他们的意见和要求,一般也要通过班级向系科、院校反映。所以大学班主任的工作是大学整个校内教育系统运行中的一个基础环节,也是院系领导和广大学生保持密切联系的一条重要渠道。如果没有班主任去关心和指导全班学生,那么就会出现大学生的学习生活与大学教育措施相互脱节的现象,不利于大学生的健康成长。

班主任对大学生的关心和指导是全面的,包括学习、生活和劳动等等;但这一切又主要是通过向学生进行思想工作,引导大学生自己正确处理这些问题来实现的。班主任的主要任务虽然不是系统地提高学生的政治理论认识，但却要引导学生把正确的政治方向和理论原则转化为自己的实际行动。所以，从理论和实践一致的角度看问题做好班主任工作，正是当前大学教育贯彻党的十三届四中全会和五中全会精神，加强思想政治工作中的一项不可缺少的要求。

大学班主任在进行工作的时候，要认清自己的工作对象是身心发展趋于成熟、独立意识随之增强的青年，是受教育的层次较高、接触的知识面相当广、信息通道也多的大学生。他们习惯于独立思考和探索，不轻信，不盲从；他们有很强的自尊心。因此，要尊重学生的独立意识，以平等的态度与大学生交往。

大学生的心理具有闭锁性。他们的内心活动，不会轻易向别人敞开。但这种闭锁性是向性的。他们对于感情融洽的亲密朋友，又是无话不谈，异常坦诚的。德国哲学家斯普兰格曾说："在人的一生中，再也没有像青年时期那样强烈地渴望被理解的时期了。"所以大学班主任要深入了解大学生的思想动态，并使大学生易于接受自己的指导，就要与大学生多交往，交朋友，充分理解他们。一些优秀的班主任经常注意在课余走访学生宿舍和接待学生来访；逢年过节还参加大学生的座谈、联欢活动；利用各种机会与大学生亲切地交谈从国家大事到校园生活中的具体问题，在愉快的气氛中灵活地对大学生进行诱导。

当然，大学生已经进入走向社会的前夜，他必然要面对种种社会问题，思索自己的人生道路；他们的脑海里翻腾着多种传播媒介输送来的具有不同倾向的社会思潮，他们往往在人生理想、政治信念、人际关系、自我评价乃至学习态度方面出现困惑，并且经常争论一些"热点"问题。由于这些问题牵涉到比较复杂的社会现象，并带有某些理论色彩，所以一般的即兴交谈便难以彻底解决问题。这就需要班主任运用讨论会、辩论会、讲演会、协商对话会等形式，与大学生共同进行深入的探讨。在这些场合，班主任既要正确地阐明党和政府的方针政策，又要倾听大学生的意见和建议,并负责向校系领导反映。这些形式,既使大学生的参与意识有了用武之地,又能在社会主义民主的实践中,提高大学生的民主素养,也是班主任进行思想工作的一条重要途径。对于大学生所接触到的国内外种种社会思潮,班主任要引导大学生发扬服从真理的科学精神,择其善者而从之,择其不善者而弃之,使大学生在改革开放的环境中,逐渐成长为比较成熟的能适应面向现代化、面向世界、面向未来这一要求的人才。

贯彻《大学生行为规范》,加强校园纪律,也是当前班主任的一项重要工作,这是关系到稳定学校秩序、促进大学生健康成长的一件大事。班主任还要努力帮助学生树立对人生的积极态度,以"实现四化,振兴中华"为己任,严格要求自己,注意分清是非善恶和美丑,做一个文明的大学生。

(原载于《苏州大学报》1990 年 1 月 12 日)

第四辑

论教育改革

"从现实情况出发"
纠正片面追求升学率

"片面追求升学率",有点像一个约定俗成的通行名词,其实质是指背离我国社会主义的教育方针,只顾追求升学百分比的提高。纠正片面追求升学率,当然不是说,"片面追求"还不够,要"全面追求"才好。纠正片面追求升学率,从二十世纪六十年代开始,已经讲了几十年,舆论界有呼吁,理论界有探讨,行政上也有措施,但问题至今尚未解决,甚至有上延下伸、愈演愈烈之势。这就不能不引起我们的严重关切和深刻的反思,问题到底出在哪里?

存在决定意识,片面追求升学率的思想也是社会客观条件的反映。

第一,按照我国现在生产力发展所达到的实际水平,社会上还必须有以脑力劳动为主和以体力劳动为主的分工。我国的经济发展和社会发展,客观上要求各级各类学校分别培养不同层次的人才。高层次的人才,主要由高层次的学校来培养。所以,中小学就有一个为高一级学校输送合格新生的任务。这就是所谓"片面不可有,升学不可无"。

但由此就产生了一个问题,学校的确仍然起着一种西方社会学里所说"社会编组场"的作用。也就是说,学生从哪一级学校毕业出来,就能进入相应的那一个阶层。青年人能否进入社会上的某一阶层，学校有相当大的决定作用。不用讳言，这同真正平等的共产主义理想，是有很大差距的。然而，这在今天却又是不可避免的（甚至还可以说它比封建社会的世袭制，要合理得多）。因此，很多家长便希望子女升学，升得越高越好。这种希望子女成为更高层次人才的想法，一般说来，谁也没有理由笼统地加以指责；与此相反，有些人为了让子女留在天（津）、南（京）、（上）海、北（京），千方百计使子女由全国重点大学转入地方性高等学校，有些人由于"挣钱发财是实惠"，让学龄子女"停学流生赚钞票"，倒并无不对头。不过，既然大家都希望子女升学，这样一来，社会上要求学校追求升学的压力可大了。

为了减轻这种压力，有的同志提出："劳动、人事、工资制度中不合理的因素要改。"改革不合理的因素，当然是对的。问题在于，要把什么是不合理的因素、应当怎样改革搞准确。倘使所谓的"改革"，是要把脑力劳动者和体力劳动者的工资待遇拉平，那是未必妥当的。从报刊上发表过的调查报告中，可以看到，现在我国的脑力劳动者和体力劳动者在实际收入方面，还存在着"倒挂"现象。脑力劳动者的工作、生活条件存在着不少问题，一些中青年教师的体质还不如老教师。有的中年科学家猝然早逝。这对我国的发展、进步，极为不利。所以要改革，就得贯彻"各尽所能，按劳分配"的社会主义原则，给脑力劳动、复杂劳动以更为合理的工资待遇，再也不能走拉平甚至倒挂的老路了。

有的同志反对"唯学历论"，这是对的。应当重视真才实学、实绩、贡献。唯学历论压制没有学历或学历不高的优秀人才，对国家建设事业也是不利的。不过，我们同时应当看到，现代社会的人才，主要还得通过学校来培养。我们毕竟不能像小生产那样，只要通过劳动和生活实践，取得直接经验，便可以满足了。所以，重视学历本身并不是坏事，是承认学校教育在培养人才方面起着主要作用的表现。倘使我们走向另一个极端，轻视学历，岂不等于否定学校教育的作用了吗？看来，更重要的是我们应当致力于提高教育质量，使学历、文凭名副其实，取得社会对学校的信任，不能"有学历，无学问""有文凭，无文化"。但是，我们决不能再走轻视学历、轻视学校的老路。

第二，很多人都要求升学，但现在我国的普通高等学校每年还只能吸收5%左右的高中毕业生。这也是一个客观条件。"粥少僧多"，必然引起竞争，或曰追求升学率，这是不可避免的。

不过我们毕竟应当知道，这5%左右是一个相当确定的数字。各地拼命进行追求升学率的竞争，其实际结果无非是这个省（区）、这个市、这个县、这个学校的升学率高一点，那个省（区）、那个市、那个县、那个学校升学率低一点。从全国范围来说，总得有95%左右的高中毕业生进不了普通高校。所谓盲目追求升学率，就是指看不到这个相当确定的5%和95%，盲目地迫使学校、教师、学生投入追求升学率的竞争。一旦升学率较低，或是"剃了光头"，或是"高考落榜"，便对学校、教师、学生进行讽刺、打击，这是极不公道的。

为此，有的同志提出：一定要改变中等学校的结构偏向单一的模式，中等教育要进行结构改革，让中学（以及某些地区的小学）毕业生分流。这对于扭转当前片面追求升学的严重局面来说，就如防止江河泛滥一样，减少上游的来水，开宽下游的出路，是一个十分必要的措施，应当坚持这样做。

不过我们还应当考虑到，即使中等教育的结构改革达到了预定的目标，为了保证高等学校新生的质量，考生人数仍然应当大于录取人数，所以仍然有一个未录取学生的就业问题。这又涉及普通高中是否应当担负双重任务的问题。我以为双重任务的提法基本上是正确的。或者，是否可以这样来理解双重任务，即普通高中既要培养学生今后继续学习（包括自学）的能力，又要培养学生毕业后能够适应劳动就业的能力。

重点中学是否需要培养学生具有适应劳动就业的能力？看来也是需要的。据统计，即使全国非重点中学的毕业生一概不参加高考，单是全国重点中学的高中毕业生数，也已是普通高校录取新生数的若干倍，所以重点中学也必然有或多或少的学生毕业后就得劳动就业。

非重点中学，以及职业中学，是否需要培养学生今后继续学习（包括自学）的能力？看来也是需要的。忽视这种能力的培养，不但限制了学生今后在工作岗位上，通过函授、电视、广播等多种途径接受职后教育的机会，而且使毕业生在工作中后劲不足，缺乏较大的适应性。

现在乡镇企业比较发达的苏南农村，相当普遍地存在着"宁要普通高中毕业生，不大欢迎职业中学毕业生"这种现象，这是一个值得深入探讨的问题，绝不能武断地视为"对中等教育结构改革认识不足"。当今世界教育事业的发展中，确实存在着"延长基础教育，推迟职业教育"的趋势，有的国家还有"普通教育职业化，职业教育普通化"的提法。这也是我们在教育事业中，贯彻"三个面向"的战略方针所应认真考虑的问题。

当然，培养两种能力，在不同的时间、地区和学校，可以各有侧重。但决不可以只提一种任务，更不能认为不同的中学理所当然地应当分别培养工农和知识分子。现在，连资本主义国家都已不大公开提双轨制，而在打着"教育民主化"的旗号，提倡所谓"中等学校综合化"。我们是社会主义国家，党的十一届六中全会明确提出，要"坚持德智体全面发展、又红又专、知识分子与工人农民相结合、脑力劳动与体力劳动相结合的教育方针"。我们的中等学校，应当培养学生手脑并用，应当教育学生对以体力劳动为主的工人农民，和以脑力劳动为主的知识分子，有正确的价值观；确立工人农民知识分子互相学习、互相帮助、团结一致的观念和习惯。应当注意，在社会主义时期，我们并非只是承认脑力劳动和体力劳动的差别必然存在，而且还十分强调两者要互相结合。如果我们片面地看问题，只是强调差别的必然性，提倡不同中学分别培养工农和知识分子，就很可能人为地在不远将来，造成劳动人民内部两种人的对立情绪，不利于社会的安定团结。

第三，是高考制度问题。总的说来，高考无疑比"开后门上大学"合理。古代封建社会里的科举考试，相对于"九品中正制"来说，还是一种进步呢。但是，高考的指挥棒作用，高考办法中某些缺陷对中学教育的消极影响，这也是客观事实。现在国家教委正在积极研究改进高考方法。不过要使高考命题和录取办法改进到百分之百地正确，完全足以指挥普通中学按照社会主义的教育方针办学，其难度是很大的。有些人为了追求升学率，不愿遵循党和国家的教育方针，不择手段，恐怕总能找到高考办法中的某些空子可钻的。只要切实贯彻教育方针，其升学率就一定会比那些不择手段、背离教育方针的学校高，这也很难完全保证，除非在生源、师资、设备方面具有特别优越的条件。

总之，从上述社会客观条件的几个方面看来，升学是正当的，竞争是必然的，要把高考制度改进到十全十美的地步，难度是很大的。所以，纠正片面追求升学率，的确是一个老大难问题。那么，我们应当怎么办呢？

马克思曾经说过，教育问题"有一种特殊的困难之处。一方面，为了建立正确的教育制度，需要改变社会条件，另一方面，为了改变社会条件，又需要相应的教育制度；因此我们应该从现实情况出发"。[①] 事儿就是这样地巧合：纠正片面追求升学率，正是有"特殊困难"。这种困难正在于：要彻底解决问题，就"需要改变社会条件"，也就是说，需要社会主义现代化建设事业（包括社会主义教育事业本身）有一个长足的发展。但另一方面，"为了改变社会条件"，为了社会主义现代

[①]《马克思恩格斯论教育》，人民教育出版社1979年版，第314页。

化建设事业的发展，又需要我们正确地教育下一代，需要我们纠正片面追求升学率，使社会主义的教育方针得以贯彻；我们决不能等待现代化建设事业有了长足发展，再来正确地教育学生。那么究竟应当怎样来正确地处理这个互为条件、互相制约的"社会条件和教育"的关系问题呢？马克思说："应该从现实情况出发。"这也正是指导我们纠正片面追求升学率的方法论。

"从现实情况出发"，马克思当时说的是：对于资本主义条件下的普及教育，无产阶级应当尽量利用其对无产阶级革命有利的方面，尽量抵制其对无产阶级革命不利的方面，不能不加分析地一概否定或全盘接受。现在我们对于追求升学率，也应当尽量利用其对社会主义现代化建设有利的方面，如运用高考这根指挥棒，通过德智体美劳几方面的考查，选拔高校新生，以推动中学全面贯彻教育方针；通过改进高考的命题，推动中学打好"双基"，培养能力，发展特长；学生为争取成为高层次人才而竞争，其中也包含着积极因素，并非只有消极作用。另一方面，则应当尽量克服追求升学率中对贯彻社会主义教育方针不利的方面，如要研究和推行科学的、合理的教育评估，纠正只根据升学率的高低和高考分数的多少来评价学校、教师和学生；坚持贯彻教育计划，制止为片面追求升学率而任意增删课程，赶进度，加班加点，进行频繁的考试，加重学生的课业负担，损害学生身心的全面发展；党政领导干部要以身作则，至少不得通过开后门等办法，把自己的子女硬塞进重点中学或非法的高复班里去。

对于学生和家长，学校有责任进行思想工作，帮助他们正确地对待升学和就业问题。但是我不主张一味强调"学习是为了社会，不是为了个人"。马克思、恩格斯在《德意志意识形态》中，既说到"只有在集体中，个人才能获得全面发展其才能的手段"①，又说到"私有制只有在个人得到全面发展的条件下才能消灭"②。可见社会、集体和个人的发展本来就是不能分割的。党的十二届六中全会的决议，又特别强调在社会主义的初级阶段，"在道德建设上，一定要从实际出发，鼓励先进，照顾多数，把先进性的要求同广泛性的要求结合起来"。完全不考虑个人利益，今天还只适用于对我们社会中先进分子的要求。对于多数群众来说，还只能鼓励他们"发扬国家利益、集体利益、个人利益相结合的社会主义集体主义精神"；完全否定他们的个人利益，是不适当的。

从教育史上看，除了斯巴达之外，恐怕教育从来就不单是为了社会或为了阶级的事业，它总是同个人前途、家庭利益有联系的。纠正片面追求升学率所以成为老大难，也与此有关。有些人处理子女的升学和就业问题，同他在群众面前宣讲的话完全是南辕北辙，也是这个缘故。倘使教育同个人和家庭的利益毫不相干，或者人人都能公而无私，那可能我们根本就不用来研讨端正教育思想这个问题了，所以说，不宜一味强调"学习只是为了社会，不是为了个人"。

在纠正片面追求升学率方面，我们教育系统内部、学生家长以至党政领导宣传部门和社会舆论界，都还有许多事情可做。总而言之，我们要"从现实情况出发"，充分发挥主观能动性，力争最大限度地正确贯彻社会主义的教育方针，最大限度地克服片面追求升学率的危害。

（原载于《教育丛刊》1987年第2期，第52—55页）

---

① 《马克思恩格论教育》，人民教育出版社1979年版，第41页
② 《马克思恩格论教育》，人民教育出版社1979年版，第60页。

在动态中把握社会主义初级阶段教育的特征

社会主义初级阶段教育的特征是什么？有些同志认为是：教育很落后，劳动力素质差，影响生产力的发展。① 这是把我国教育当前的状况，同整个社会主义初级阶段教育的特征，混为一谈了。这种混同，根源于对社会主义初级阶段理论的误解，即把我国当前的情况，同整个社会主义初级阶段的特征，混为一谈。② 这从有的同志直接把十三大报告中所说"普遍的科技水平不高，文盲半文盲还占人口近四分之一"，列入社会主义初级阶段教育的特征③这点上，可以明显地看得出来。这两种混同，在今年4月召开的郑州教育理论研讨会上，也有强烈的表现，可见其影响之广。

经济、文化严重落后，是我们当前的国情。认清这一点，十分必

---

① 《学习社会主义初级阶段理论指导教育改革和教育科研专题座谈》，《教育研究》1988年第1期，第13—28页。
② 《学习社会主义初级阶段理论指导教育改革和教育科研专题座谈》，《教育研究》1988年第1期，第13—28页。
③ 《学习社会主义初级阶段理论指导教育改革和教育科研专题座谈》，《教育研究》1988年第1期，第13—28页。

要。不搞清今天我们建设社会主义是在什么样的情况下起步的，就不能克服急于求成，盲目求纯等"左"倾错误的影响。可是，如果把当前的国情扩大成整个社会主义初级阶段的特征，似乎到2050年我国的经济、文化状况，依然是严重落后，那就不对了。

十三大报告中说，要克服认识上的偏差，其根本办法，是引导大家面向现代化建设和改革的实际，面向世界，面向未来。社会主义初级阶段的理论既是对国情和社会主义再认识的成果，又是在"三个面向"的指导下对国际环境再认识的成果。当今世界，新技术革命迅猛发展，市场竞争日益加剧，国际政治风云变幻，我们面临的挑战是紧迫的严峻的。倘使到2050年，我国的经济、文化还停留在严重落后的状况，那我们国家和民族的"球籍"，就确实很成问题了。所以，社会主义初级阶段的理论对这一阶段特征的概括，既立足于对国情和社会主义的再认识，又贯穿着"三个面向"、奋起直追的精神。这一概括是动态的。我国社会主义初级阶段的特征，是逐步摆脱贫穷、落后，逐步实现工业化和生产的商品化、社会化、现代化，是通过改革和探索，建立和发展充满活力的社会主义经济、政治、文化体制，是全民奋起，艰苦创业，实现中华民族伟大复兴。

探讨社会主义初级阶段教育的特征，也应当运用这种在动态中把握社会主义初级阶段特征的方法，同时还须结合教育自身的特点、规律来考虑。

教育作为某一社会集团有目的地影响受教育者的身心发展，以造就它所需要的人材的活动，总是某一社会经济和政治、文化发展的产物，又给某一社会的经济和政治、文化的发展以巨大的影响。我们应当自觉地运用这一客观规律，为我国社会的经济和政治、文化的发展服务。所以，从教育的社会职能这方面看问题，社会主义初级阶段的教育应当是推动社会主义现代化建设的教育，是坚持四项基本原则的教育，是促进改革、开放的教育;简言之,即是为"一个中心、两个基本点"服务的教育。

但是,从社会主义初级阶段开始,到十一届三中全会这二十多年中,我国教育在前进的道路上,既作过有益的探索,取得了积极的成就,也经历过多次曲折,遭受了巨大损失。我国教育原来的基础很差,十一届三中全会以前耽误的时间又太多了。所以,从十一届三中全会拨乱反正,直到今天,我国教育还相当落后,而且仍然受到僵化的教育体制的束缚,因而难以适应为"一个中心、两个基本点"服务的要求。所以,我国的教育事业本身,也必然要经历一个逐步深化的改革、探索过程和艰巨的建设过程。

这样,把以往三十多年教育发展的历史,当前教育的现状,同社会主义初级阶段教育承担的社会职能联系起来看,社会主义初级阶段教育的基本特征应当是:通过探索、改革和建设,逐步建立和发展能为"一个中心、两个基本点"服务的教育。

这一基本特征,又决定了社会主义初级阶段教育的一系列一般特征。

例如,在教育质量方面,从教育目的、培养目标到教育内容、教育方法、教育形式,都要适应坚持社会主义方向,发展商品经济,实现工业化、现代化,以及建设民主政治和精神文明的要求。

在教育事业的发展方面,要以因地制宜、逐步实施九年制义务教育为基础,并按照经济和社会发展的需求,调整教育结构,多层次、多规格地提高全民素质、培养建设人材。

在教育管理方面,要调动教育者、受教育者、管理者、服务者乃至投资者的积极性,使教育事业能主动适应社会经济、政治、文化发展的要求。

现在,有的同志认为,即使我国的教育改革逐步深化,教育建设在质量提高和事业发展两方面都有长足的进展,到 2050 年,我国教育在世界上仍旧是落后的、不发达的。从社会主义初级阶段的质的规定性看,我们并不要求到 2050 年,便在一切方面赶上和超过世界上最发达的国家。然而,那时候我国在某些方面的相对落后,似已属于发达程度上的差别,同我国今天在世界上的严重落后和不发达,毕竟是两回事了。

[原载于《华东师范大学学报》(教育科学版) 1988 年第 2 期,有删节]

浅谈"三个面向"

邓小平同志给景山学校题写的"三个面向",不只是教育工作的战略方向、指导方针,同时也是全党全国工作的战略方向、指导方针。

什么叫面向现代化？这就是小平同志所说,全党全国都要为实现四个现代化这个伟大的目标奋斗。针对历史上"左"的错误,"十一届三中全会确定将工作重点由以阶级斗争为纲转到发展生产力、建设四个现代化为中心","现在要专心致志地、聚精会神地搞四个现代化建设。……决不允许再分散精力"。怎样建设四个现代化？"十一届三中全会决定进行改革,……扫除发展生产力的障碍"。"我们的经济政策,概括一点说,就是对内搞活,对外开放"。可见面向现代化就是要一心一意为实现四个现代化奋斗,要改革不利于实现四个现代化的老办法。

什么叫面向世界呢？这是面向现代化的必然要求。因为现代化是一个世界性的概念。所以小平同志讲现代化常常把我国同发达国家比较,如在人均国民生产总值方面、在科学技术方面比,有时还具体讲到我国落后于别国多少年等等。他说,"落后是要受人欺负的"。"所谓四个现代化,就是要改变中国贫穷落后的面貌"。在发展经济方面,他提出经过温饱、小康到下个世纪中叶,"达到中等发达国家水平"。在科学技术方面，他强调我们要"赶超世界先进水平"。他还说，实现四个现代化，中国将能对世界"对人类作出比较多一点的贡献"。可见面向世界，第一，就是要追赶世界先进水平，改变贫穷落后，同时对世界作较多贡献。

怎样赶上世界先进水平呢？小平同志说，"中国长期处于停滞和落后状态的一个重要原因是闭关自守。经验证明，关起门来搞建设是不能成功的，中国的发展离不开世界"。所以对外要开放。他说："学习先进，才有可能赶超先进。"要"学习人家的先进科学技术"，"加强同世界各国科学界的友好往来和合作关系"。同时，要"引进国际上的先进技术，先进装备，作为我们发展的起点"。可见面向世界，第二，就是要学习外国的长处，引进、利用外国的技术、装备、智力、资金等。

什么叫面向未来呢？这也是面向现代化、面向世界的必然要求。因为现代化不但是一个国际性的概念，而且是一个动态的概念。小平同志说，"现在世界的发展，特别是高科技领域的发展一日千里"。1978年他曾对西德客人说，"我们的四个现代化，要在本世纪末达到你们现在的水平已不容易，要达到你们二十二年后的水平就更难了"。显然，我们在追赶人家，人家仍然在前进，不会停下来等我们。到2000年赶上人家二十世纪七十年代末的水平，同人家2000年的水平比仍落后二十年，还不能说已赶上世界先进水平，实现了现代化。所以面向未来的第一层涵义是要动态地看世界，不但看到今天的世界先进水平，而且能考虑到它明天的发展，争取有那么一天我们终于能和世界先进水平并驾齐驱，而不是等距离赶。（"等距离赶"是一个日本人的说法，如2000年赶上人家1980年，2020年赶上人家2000年，2050年赶上人家2030年，赶来赶去终归还落后二十年。）

怎样争取达到和世界先进水平并驾齐驱呢？那就要科学地预测世界科技、经济未来的发展趋势，选择有长远眼光的发展战略，力争在国际竞争中占据有利地位。选择发展战略是很重要的，二十世纪五六十年代，英国、法国大抓钢铁，由于技术上并无大的突破，市场萎缩，经济发展就慢，日本大抓电子工业，技术上进步快，市场不断开拓产品，无孔不入地进入生产、生活、办公各方面，经济发展就快。1988年我国建成正负电子对撞机，有位欧洲科学家问："你们目前经济不发达，为什么要搞这个东西？"小平同志说，"中国不能安于落后，必须一开始就参与这个领域的发展。……尽管穷，因为你不参与，不加入发展的行列，差距越来越大。……很难赶上世界的发展"。可见我国不但要发展基础科技基础产业，重视中间技术，而且要发展高科技。总之，面向未来的第二层涵义是要看清未来的发展趋势，选择正确的发展战略。

以上说的是三面向的主要涵义，同时还必须注意到，"现在我们搞四个现代化，是搞社会主义的四个现代化，不是搞别的现代化"。面向未来，更不能忘记我们"最终目的是实现共产主义"。所以，我们要树立共产主义的远大理想，反对资本主义的腐朽思想和腐朽生活方式，抵制西方的资产阶级价值观和资产阶级自由化。这是三面向的题中应有之义。

理解了全党全国工作三面向的大局，不但能使我们更加深刻、更加准确地理解教育要三面向的涵义，而且能帮助我们理解小平同志为什么特别重视科技和教育工作。

从面向现代化来说，"四个现代化，关键是科学技术的现代化。没有现代科学技术，就不可能建设现代农业、现代工业、现代国防"。而"科学技术人才的培养，基础在教育"。所以，"不抓科学、教育，四个现代化就没有希望"。讲到"全党全国工作重点的转移"，小平同志说："这个重点，本来就应当包括教育。……如果只抓经济、不抓教育，那里的工作重点就是没有转移好。"

从面向世界来说，小平同志借鉴日本"资产阶级的现代化"，说

"日本人从明治维新就开始注意科技，注意教育，花了很大力量。……我们是无产阶级，应该也可能干得比他们好。"世界上的经济竞争，就是科技竞争，而科技竞争就是教育竞争。

从面向未来看，小平同志说，"我们的经济，到建国一百周年时，可能接近发达国家的水平。……根据之一，就是在这段时间里，我们完全有能力把教育搞上去，提高我国的科学技术水平，培养出数以亿计的各级各类人才。……现在小学一年级的娃娃，经过十几年的学校教育，将成为开创二十一世纪大业的生力军。"中央提出要以极大的努力抓教育，并且从中小学抓起，这是有战略眼光的一着。忽视教育的领导者，是缺乏远见的、不成熟的领导者，就领导不了现代化建设。所以，全党全国工作三面向本来就包括重视科教。

（原载于《苏州大学报》1999年4月18日）

邱光著述年表

1956 年

1.《遗传环境和教育在个性形成中的作用》,《江苏师院报》12 月 29 日。

1957 年

2.《本院支部代表邱光讲话》,《江苏师院报》11 月 10 日。

1962 年

3.《在教育战线上高举教育为无产阶级政治服务的旗帜》,《江苏师院学报》第 9 期。

1977 年

4.《学习马克思"批判旧世界"的教导,驳斥"四人帮"的所谓"批判旧教育"》,《江苏师院学报》第 4 期。

1979 年

5.《评凯洛夫主编的〈教育学〉》,《江苏师院学报》第 3 期。

6.《生产力、生产关系与教育事业的发展》,《教育研究》第 5 期。

1980 年

7.《谈谈思想政治教育的主要规律》,《江苏师院学报》第 3 期。

1981 年

8.《到解放区去》,收录于共青团南昌市委员会编:《南昌青年运动回忆录》,南昌:中国人民政治协商会议江西省委员会,署名邱光、高羽。

9.《何谓"马列本来意义上的教劳结合"?》,《教育研究》第 7 期。

1983 年

10.《师德教育》(讨论稿),《大学生共产主义思想品德教学大纲》第三十一讲,苏州市档案馆:C35-012-0075-046。

11.《从〈共产党宣言〉看教育的作用》,收录于中国教育学会教育学研究会编:《学习马克思的教育思想:纪念马克思逝世一百周年》,北京:人民教育出版社。

12.《论人民教师的职业道德》,《苏州大学学报》(哲学社会科学版)第 2 期。

1984 年

13.《肝胆相照,荣辱与共》,《苏州大学学报》10 月 18 日。

1985 年

14.《说服》《道德实践》《榜样》《自我教育》《批评与自我批评》《操行评定》《奖励和惩罚》,收录于中国大百科全书出版社编辑部编:《中国大百科全书·教育》,北京:中国大百科全书出版社。

1986 年

15.《教育目的》,收录于储培君、夏瑞庆等编写:《教育学》,南京:江苏教育出版社。

16.《关于教育本质的讨论和对本质的理解》,《教育丛刊》第 3、4 期合订刊。

1987 年

17.《教学组织形式》,收录于常春元、黄济、陈信泰主编:《中国社会主义教育学》,南京:江苏教育出版社。

18.《"从现实情况出发"纠正片面追求升学率》,《教育丛刊》第 2 期。

1988 年

19.《在动态中把握社会主义初级阶段教育的特征》,《华东师范大学学报》(教育科学版) 第 2 期。

1990 年

20.《九十年代大学班主任的光荣使命》,《苏州大学报》1 月 12 日。

1991 年

21.《陶行知师范教育思想的形成和发展》,收录于《陶行知系列研究》江苏课题组编:《论陶行知师范教育思想》,南京:江苏教育出版社。

1999 年

22.《浅谈"三个面向"》,《苏州大学报》4 月 18 日。

23.《接管苏南教育事业的一项准备工作》,《苏州大学报》9 月 24 日。

2015 年

24.《参加淮海战役支前工作的回忆》,《苏州大学报》5 月 15 日。

后　记

2023年11月24日，接到民进中央常务副主席朱永新的电话，言及民进有关教育家文选的编写出版事，遂有《邱光教育文选》之编撰。这是一项有意义的重要工作，作为学生和晚辈，更当竭力认真完成。邱光先生是苏州大学教育学院教育学教授，我到教育学院工作时，邱先生已退休。虽未曾亲炙其教泽，然因整理过苏州大学教育学科发展史的资料，得窥先生学术鳞爪，以为编选之事非难。

文献钩沉，非躬行不知其难。初以数字资源之便，以为可速成其事。及至检索，方知邱先生著述散落如珠，多存于故纸旧刊。幸得朱永新老师提点，同仁鼎助，始得渐窥全豹。

苏州大学档案馆保存有完整的《江苏师院报》，因此觅得邱先生二十世纪五十年代的文章《遗传环境和教育在个性形成中的作用》（1956）、《本院支部代表邱光讲话》（1957）。遗憾的是，前者仅为其论文摘要，未能找到全文。

苏州大学人事处也为我们查阅邱光先生的人事档案提供了便利。所存邱先生的科研成果目录，指引我们辑录先生为《中国大百科全书》（1985）撰写的全部条目，更得见其参与编撰之《教育学》（1986）、《中国社会主义教育学》（1987），《论陶行知师范教育思想》（1991）等经典。

然沧海遗珠之憾终不能免。如邱先生曾为电视记录片《沙洲县的教育事业》(1986)撰写稿本，虽经教育学院唐斌教授等联络苏州市区和张家港市的各相关单位多方探寻，终杳如黄鹤。但在查找资料过程中，尤难忘诸君之高义：苏州市教育局原三级调研员陶旭东同志古道热肠，引荐苏州市教育学会杨汉栋老师详述邱光先生往事；民进苏州市委会主委钱振明、副主委於亚萍关心支持，苏州市档案馆相明洁处长、民进苏州市委会黄素心秘书长，更是埋首故纸、穷搜博采，于浩繁卷帙中觅得先生参政议政之提案原件，并寻得提案附议文书，补全先生作为民主党派人士在参政议政平台提出的教育论述与参政建言。凡此种种，让我深深感受到学脉传承之温情。

2024年6月7日，我参加了"开明教育书系"（第三辑）选编工作推进会。会上，开明出版社详细介绍了丛书的出版计划和选编体例，特别是朱永新常务副主席关于选编工作的讲话，使得我对《邱光教育文选》的编选要求有了更清晰的认识，也增强了完成这项工作的信心。此外，其他编选者分享的工作进展，对我们的工作也颇具启发性。多年后，有幸通过视频会议再次聆听朱老师的教诲，令我备受鼓舞，久久难忘。

文献渐丰，邱先生形象愈见清晰。观其论马克思主义教育思想之赅博，析教育本质问题之精微，倡"生产方式的两个侧面——生产力和生产关系，对教育事业的发展都有影响，不能只讲一个方面"之卓识，可见先生治学之严谨，守正创新之胆识。先生尤重德育而不囿于说教，以马克思主义铸魂育人，开师范教育新风。读其《共产党宣言》教育思想阐发之文，字里行间俱见赤子之心。

邱先生是一位热爱学生的好老师。苏州大学教育学院尹艳秋教授深情回忆起冬至日在邱先生家中师生围炉论学之景。邱先生生前曾精心挑选了一本相册，名曰《拾光集》，其中就有1986年师生共餐的留影。听闻讲述，观其照片，尊师爱生的深厚情感跃然眼前！

邱先生还十分关心并帮助进修教师。1982—1983学年，他指导了连云港教师进修学校的谢恒时和海州师范的黄永言两位教师。进修期间，黄永言老师着手编写《中等师范教育实习手册》。邱先生对写作提纲及一部分初稿给予了悉心指导。1984年10月，黄永言老师编著的《中等师范教育实习手册》顺利由人民教育出版社出版。

1982年，当樊琪、吴荣华、周川、朱永新几位青年教师从上海师范大学教育心理学师资班学成回校时，邱先生组织教育科学教研室全体教师相迎并合影留念。那张泛黄的教研室合影，凝固的是教育薪火相传的永恒瞬间。

在《邱光教育文选》的资料收集、录入和校对过程中，苏州大学教育学院硕士研究生曾舒如、王星星、蔡奕、闻玉涵做了大量工作，侄女范佳华参加了文字录入的工作。

柴念东老师帮助我们通过《柴德赓年谱》、柴德赓日记等资料，了解了邱先生加入民进组织和在民进组织活动的很多情况。在内容编排方面，苏州大学教育系主任余庆教授给予了指导。

在稿件编审和处理过程中，开明出版社编辑部的卓玥老师，民进中央研究室会史处的领导同志们都给予了关心和帮助。

曾与黄素心同志一起将书稿雏形奉于邱先生家人。尤其难忘的是，均从事教育工作的先生子媳捧出先生手泽相册，家常絮语间，严谨学者慢慢具象为可亲长者。我们共有感怀——应当也必须承继前辈教育家的思想和精神，为教育事业的发展尽心竭力。

在此，向所有关心、支持、鼓励、帮助《邱光教育文选》编选工作的专家学者、老师和同学，致以最诚挚的感谢！由于水平有限，若有疏漏和不当之处，敬请各位批评指正。

范庭卫

2025 年 2 月 20 日

开明教育书系（第一辑）

不安故常
——俞子夷教育文选
　　俞子夷著　丁道勇选编
　　定价：85.00 元

新人的产生
——周建人教育文选
周建人著　朱永新 周慧梅选编
　　定价：75.00 元

造就女界领袖
——吴贻芳教育文选
　　吴贻芳著　吴贤友选编
　　定价：50.00 元

教是为了不需要教
——叶圣陶教育文选
　　叶圣陶著　朱永新选编
　定价：130.00 元（全二册）

教育要配合实践
——车向忱教育文选
　　　车向忱著　车红选编
　　定价：70.00 元

谋求适合中国国情的教育
——杨东莼教育文选
　　杨东莼著　周洪宇选编
　　定价：65.00 元

改造我们的教育
——董纯才教育文选
　董纯才著　姚宏杰 王玲选编
　　定价：85.00 元

教学是最渊博最复杂的艺术
——傅任敢教育文选
　　傅任敢著　李燕选编
　　定价：65.00 元

教育必须是科学的
——陈一百教育文选
　　陈一百著　裴云选编
　　定价：60.00 元

生命·生活·生态
——顾黄初教育文选
　　顾黄初著　梁好选编
　　定价：75.00 元

开明教育书系（第二辑）

办教育要有精神
——吴研因教育文选
吴研因著　刘立德选编
定价：78.00 元

教育的任务是人的全面发展
——许崇清教育文选
许崇清著　周济光选编
定价：65.00 元

把儿童看作儿童
——沈百英教育文选
沈百英著　吴贤友选编
定价：88.00 元

向传统教育挑战
——林汉达教育文选
林汉达著　朱永新选编
定价：65.00 元

做学习的主人
——辛安亭教育文选
辛安亭著　刘立德 刘畅选编
定价：85.00 元

教育发展的希望在教师
——雷洁琼教育文选
雷洁琼著　朱永新 吴宏英选编
定价：98.00 元

有领导的"茶馆"式教学
——段力佩教育文选
段力佩著　李元选编
定价：60.00 元

创造适合学生发展的活教育
——方明教育文选
方明著　储朝晖选编
定价：65.00 元

教育的民族化和科学化
——张志公教育文选
张志公著　王本华 李嘉哲选编
定价：85.00 元

小学生语文能力整体发展
——吕敬先教育文集
吕敬先著　王晓霞选编
定价：58.00 元

图书在版编目（CIP）数据

教育的本真：邱光教育文选/邱光著；范庭卫，黄素心选编. --北京：开明出版社，2025.4. --（开明教育书系/蔡达峰主编）. --ISBN 978-7-5131-9518-8

Ⅰ. G4-53

中国国家版本馆 CIP 数据核字第 2025M46Q61 号

出 版 人：沈 伟
责任编辑：卓 玥 程 刚

教育的本真：邱光教育文选
JIAOYUDEBENZHEN：QIUGUANGJIAOYUWENXUAN

出　　版：	开明出版社
	（北京海淀区西三环北路25号　邮编100089）
印　　刷：	保定市中画美凯印刷有限公司
开　　本：	710 mm×1000 mm　1/16
成品尺寸：	170 mm×240 mm
印　　张：	15
字　　数：	187千字
版　　次：	2025年4月第1版
印　　次：	2025年4月第1次印刷
定　　价：	50.00元

印刷、装订质量问题，出版社负责调换。联系电话：（010）88817647